# 本が来た道

本の流通ルートをかんたんな図で表しました。
本が読者のもとにとどくまでには、こんなにたくさんの
人が関《かか》わっています。

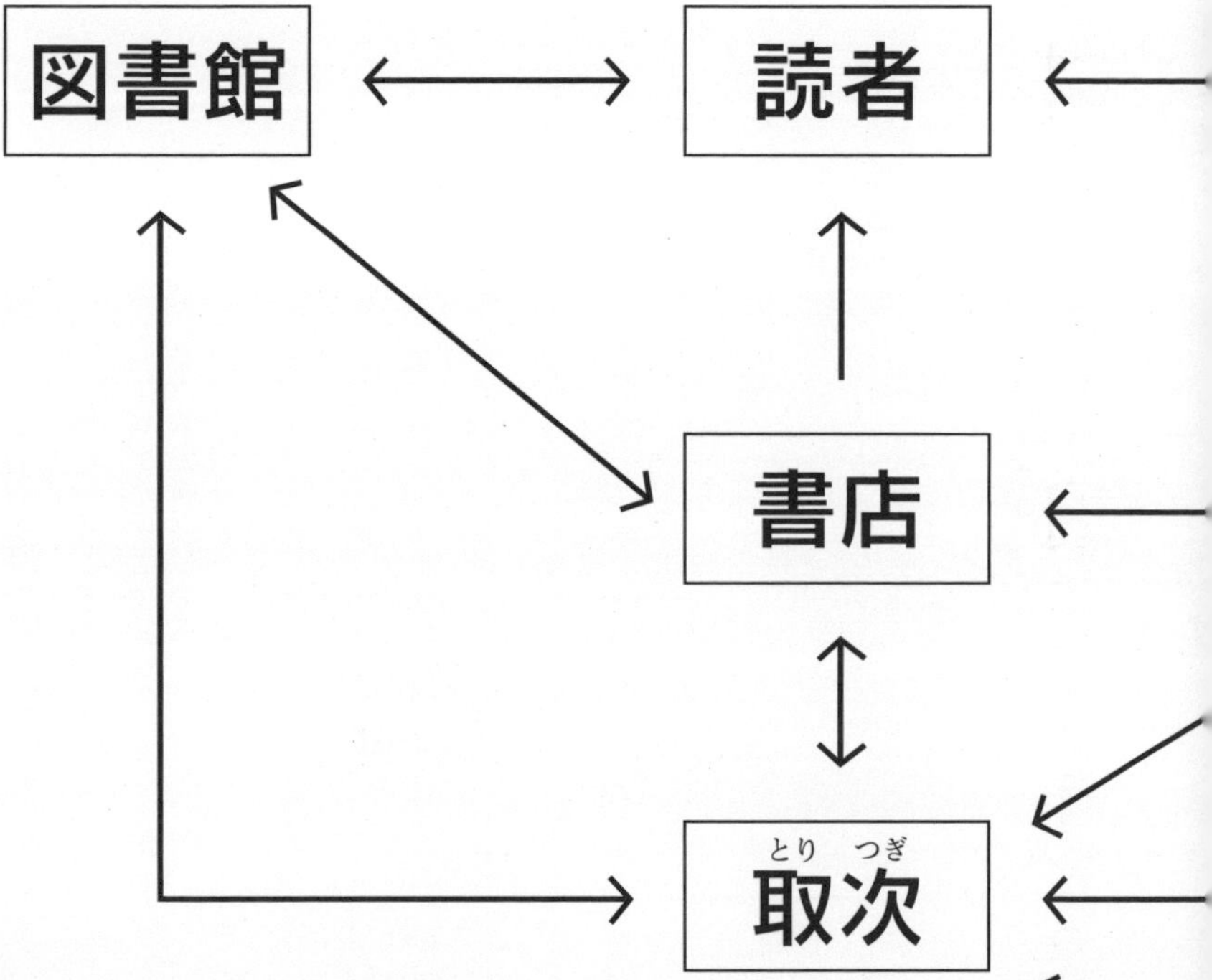




※本を売っている場所として、ほかにも雑貨屋《ざっかや》やインテリアショップ、映画館《えいがかん》、ミュージアムショップ、コンビニエンスストアなどがあります。これらにも、取次もしくは出版社から本が運ばれます。

写真提供　日本製紙株式会社

紙の原料となるのはユーカリです。ここは、オーストラリアのユーカリの植林地。
使われなくなった牧場《ぼくじょう》や農地をたがやして苗《なえ》を植えています。

〈複製品〉

くられた「パピルス」が使われています。

写真提供　公益財団法人 紙の博物館

羊やヤギ、牛などの皮を使った「羊皮紙」は、じょうぶで長持ちしました。

写真提供　公益財団法人 紙の博物館

エジプトの古い書物『死者の書』には、植物のくきか

写真提供　凸版印刷株式会社 印刷博物館

「百万塔《ひゃくまんとう》陀羅尼《だらに》」は、印刷《いんさつ》された年代がはっきりしている世界でもっとも古い印刷物。100万個《こ》つくるのに、約《やく》6年もかかりました。

たくさんの色、厚《あつ》さ、質感《しつかん》の紙の中から、その本に合ったものを選《えら》びます。

写真提供　図書印刷株式会社

印刷《いんさつ》を機械《きかい》で行うことで、少ない人手で、一度にたくさんの量《りょう》を刷《す》れるようになりました。

本について
授業をはじめます
永江 朗

もくじ

※本書のデータは二〇一四年六月現在のものです。

# はじめに

本の世界へようこそ。

本は不思議《ふしぎ》なものです。本には知らない人の言葉がたくさん書いてあります。何十年も、何百年も前に生きていた人の言葉もあります。外国の人の言葉もあります。会ったこともないのに、声を聞いたこともないのに、本に書かれた言葉を読むと、その人がどんなことを考えていたのかがわかります。会ったことがないのに、もうこの世にはいないのに、その人と親しくなったような気持ちになります。もちろん知っている人の言葉もあります。テレビで見た人や新聞、雑誌《ざっし》にのっていた人の本もあります。本を読むと、テレビで見たのとは少しちがうその人が見えてきます。

本にあるのは文字ばかりではありません。写真や絵もある。行ったことのない場所、見たことのない風景《ふうけい》の写真もあります。この世にはないけれど、想像《そうぞう》の中にはある絵もある。

本を開いて、文章を読んだり、写真や絵を見たりしていると、いろんなことを考えます。まるで心がどこかへ旅しているようです。文字や絵を印刷《いんさつ》した紙を切りそろえて、糸やのりでくっつけて、とじて表紙をつけたのが本。ただそれだけのものなのに、本はいろんなことを教えてくれます。

でも、本はどこから来たんだろう？　本はだれがつくっているんだろう？　昔から本は、こんなかたちだったんだろうか？

本のことを知ると、本を読むのがますます楽しくなります。本について、もっと知りましょう。

さあ、本について授業《じゅぎょう》をはじめます。

# 1時間目

# ぼくらのもとに本がとどくまで

# この本はどこから来たの？

どこから来たのでしょう、この本。そう、今、きみが手に取っているこの本です。きみは今、どこでこの本を読んでいますか。

学校の図書館？　町の図書館？　自分の家？　それとも本屋さん？

この本を学校の図書館で読んでいる、としましょう。

図書館にある本はどこから来たのでしょう。

※図書館にある本は、本屋さん（書店）から来ました。本屋さんが自動車に積《つ》んで運んできたかもしれないし、運送会社の人が運んできたかもしれない。図書館の人が運んだかもしれない。とにかくこの本は、図書館に運ばれてくるまで、本屋さんにありました。

本屋さんにある本はどこから来たのでしょう。本屋さんにある本は、問屋さんからやってきました。本の問屋さんを「取次《とりつぎ》」といいます。この本は、取次のトラックに積まれて、書店に運ばれてきました。取次のトラックに積まれる前は、取次の倉庫《そうこ》に置《お》かれていました。

取次の倉庫に置かれる前、この本はどこにあったでしょう。

取次の倉庫に運ばれる前は、出版社《しゅっぱんしゃ》の倉庫にありました。出版社というのは、本や雑誌《ざっし》をつくる会社です。

でも、本当のことをいうと、出版社の人がこの本をつくったわけではありません。出版社の人は、この本をどんな本にするのかを考えました。どんな文章を入れて、どんな絵を入れるか。表紙はどんなデザインにするか。どんな題名にするか。

実際《じっさい》にこの本をつくったのは、製本《せいほん》会社の人です。この本は、出版社の倉庫に運ばれる前は、製本工場にありました。

じゃあ、製本《せいほん》工場の前は？

この本は、製本工場で本になるまで、バラバラの紙でした。文字や絵や写真が印刷《いんさつ》されたバラバラの紙でした。

印刷された紙はどこから来たのでしょう。

じゃあ、印刷される前は？

印刷される前は、真っ白な大きな紙でした。印刷工場で文字や絵や写真を印刷されました。

印刷される前の紙はどこから来たのでしょう。

印刷される前の紙は、製紙工場から運ばれてきました。製紙工場は紙をつくる工場です。

じゃあ、製紙工場の前は？

製紙工場で紙になる前は、一本のユーカリの木でした。オーストラリアに生える一本の木でした。この本は、地球の向こう側《がわ》の、一本のユーカリの木でした。

一本の木が日本に運ばれて、紙になり、文字や絵を印刷され、とじられ、表紙をつけられ、本の形になって本屋さんに並《なら》びました。図書館に運ばれ、そしてきみが今、読んでいます。

もう一度順番《じゅんばん》に、一本の木が本になるまでを見てみましょう。

※図書館専門《せんもん》の取次《とりつぎ》を通すこともあります。くわしくは前の見返しを見てください。

# 一本の木が紙になり、本のかたちに

たいていの本は紙でつくられています。本が紙でなくてはいけないという決まりはありません。おふろの中でも読めるように、ビニールでつくった本もあります。布《ぬの》で絵本をつくっている人もいます。プラスチックでつくってもいいし、鉄でつくってもいい。なんでも本にできます。でも、今たいていの本は紙でできています。

紙は木からつくります。大昔はぼろ布からつくっていました。服やベッドのシーツやカーテンなどに使った後のぼろぼろの布を原料《げんりょう》にしていました。でも人々《ひとびと》が紙をたくさん使うようになると、ぼろ布では足りなくなりました。それであれこれ工夫《くふう》して、森に生える木から紙をつくるようになりました。

大きい本、小さい本、厚《あつ》い本、うすい本、子どもが読む本、大人が読む本……。本のかたちにはさまざまあります。

昔は日本の紙は日本の森に生えている木からつくっていました。でもそれでは足りません。そこで日本の大きな製紙《せいし》会社は、オーストラリアやニュージーランドやブラジルをはじめ、世界のあちこちで木を育てています。

こうした国々《くにぐに》で製紙会社が紙の原料《げんりょう》として植えて育てているのは、ユーカリ※口絵1ページの木です。ユーカリはコアラが食べることで知られています。紙の原料にするために切りたおしてしまったら、コアラはおなかがすいてこまるんじゃないの？ そう心配するかもしれません。でもだいじょうぶ。ユーカリにはたくさんの種類《しゅるい》があって、コアラが食べる木と紙の原料になる木は、ちょっと種類がちがうのだそうです。

製紙会社は、紙の原料にするためにユーカリの木を切りたおしたら、その後に、次の苗《なえ》を植えます。切っては植え、切っては植え、というくり返しをしています。切りたおしたユーカリの木は、細かく切られ、くだかれます。「チップ」という三センチメートルから五センチメートルほどの小さな破片《はへん》になります。チップは大きな船に乗せて日本に運ばれます。

オーストラリアやニュージーランドは、日本から見るとずっと南にあります。赤道をこえた向こうです。季節《きせつ》は日本とちょうど反対。日本が春のときオーストラリアやニュージーランドは秋で、日本が夏になるとオーストラリアやニュージーランドは冬になります。クリスマスが海水浴《かいすいよく》の季節で、日本の夏休みはオーストラリアではスキーの季節。チップになったユーカリの木もびっくりしているでしょう。

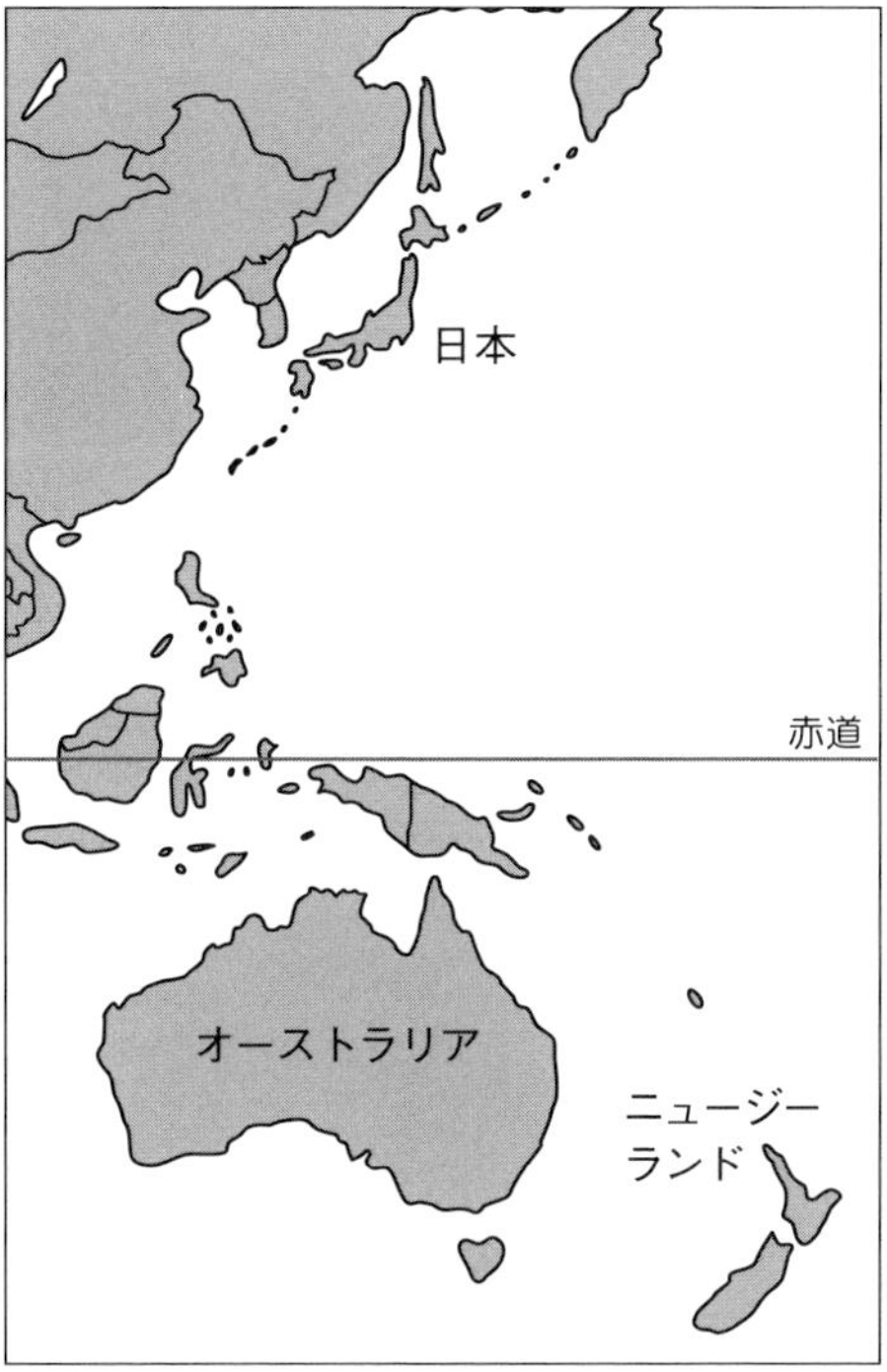


日本の港に着いたチップは、ひとまず製紙工場のヤードとよばれる場所に積《つ》まれます。そしてヤードから製紙工場の機械《きかい》の中に入っていきます。

製紙《せいし》工場の人は、チップに薬品を加《くわ》えて高い温度で煮《に》ます。紙にする繊維《せんい》を取り出すためです（①）。紙にする繊維を「パルプ」といいます。質《しつ》のいい紙にするために、パルプにまざっている不純物《ふじゅんぶつ》を取りのぞいたり（②）、漂白《ひょうはく》したりします（③）。

白くなったパルプは、水とまぜられて「抄紙機《しょうしき》」という機械《きかい》に入れられます。水の中で紙の繊維と繊維がからまり合います（④）。

ドロドロになったパルプはシャワーでまくように、あみの上にのせられます

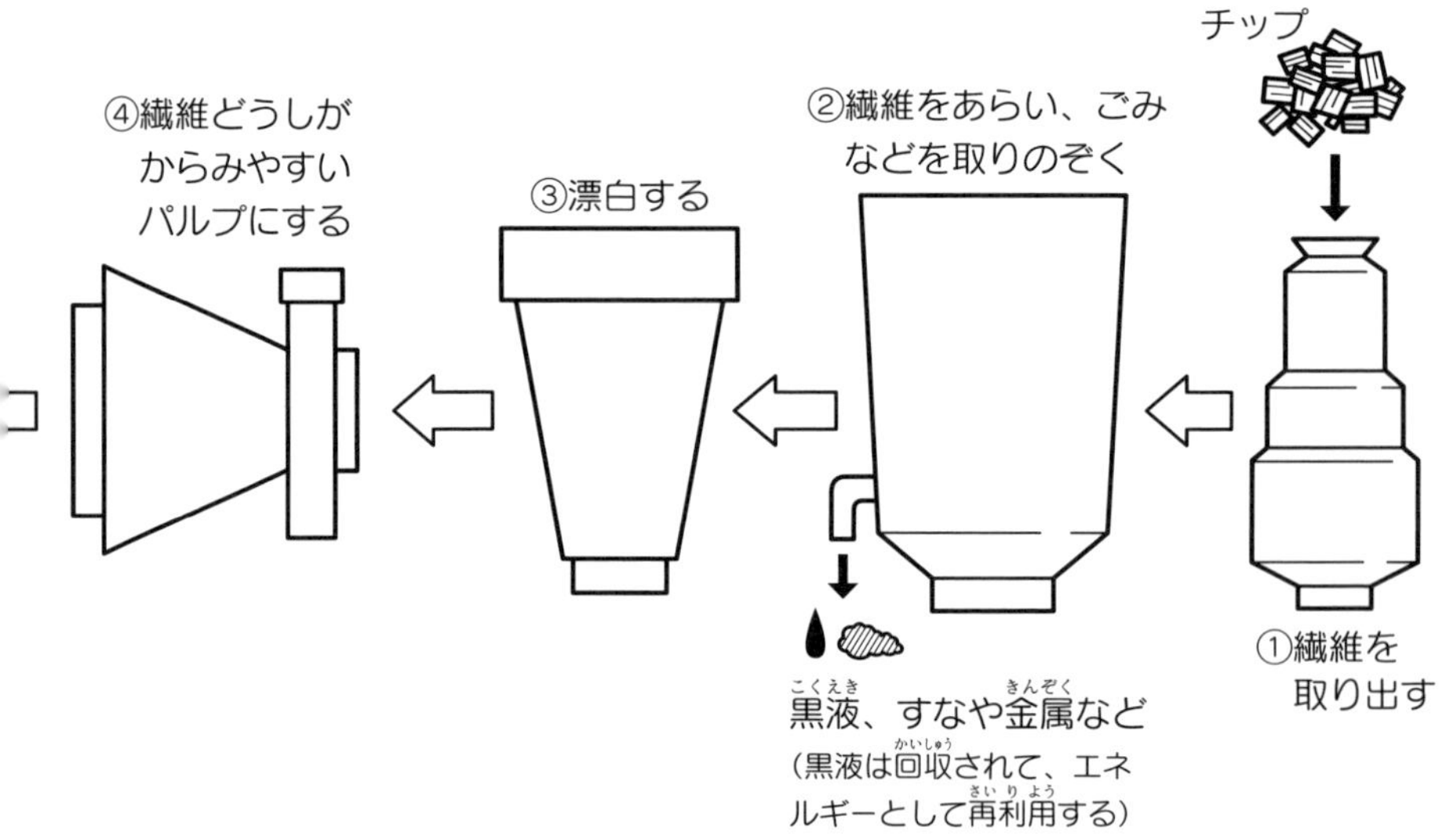

（⑤）。あみは抄紙機の中を動きながら、パルプについた水分を落としていきます。やがてパルプは大きなローラーでしぼられ、熱《ねっ》せられ、かわかされます。このときにぎゅっと強くしぼるとうすい紙になり、ゆるくしぼると厚《あつ》い紙になります。

でも、これだけでは本に使う紙になりません。本のページを指でさわってみてください。すべすべしているでしょう？かわかした紙は表面に薬品をぬられ、ローラーで押《お》されてすべすべになります（⑥）。こうしてできた紙は、巻《ま》き取って大きなロール状《じょう》にします（⑦）。

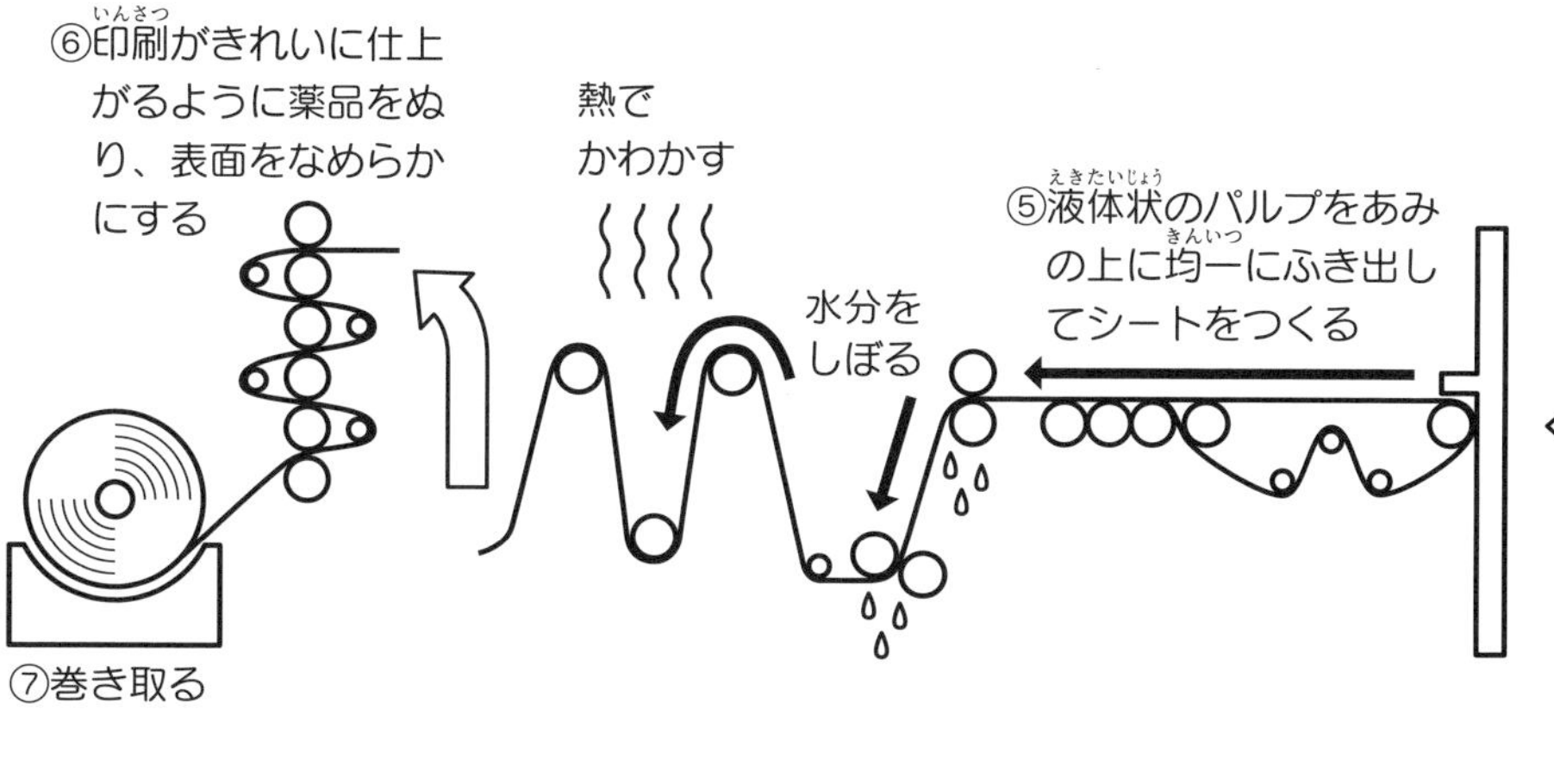
⑥印刷《いんさつ》がきれいに仕上がるように薬品をぬり、表面をなめらかにする
熱でかわかす
水分をしぼる
⑤液体状《えきたいじょう》のパルプをあみの上に均一《きんいつ》にふき出してシートをつくる
⑦巻き取る

紙は木からとったパルプだけでつくるとはかぎりません。古紙からつくったパルプもまぜることが多いです。

きみたちの家でも、読み終わった新聞や雑誌《ざっし》、それから段《だん》ボールなどは、資源《しげん》ごみとして回収《かいしゅう》に出しているでしょう。

回収された古新聞や古雑誌も、製紙《せいし》工場に運ばれてきます。そして、大きなミキサーに入れてかきまぜ、ドロドロにとかします。雑誌をとじていた金《きん》属《ぞく》の針《はり》や、表紙にはられたうすいビニールは、このとき取りのぞかれます。

古新聞や古雑誌には文字や写真が印刷《いんさつ》されています。ドロドロにとかしたあと、せっけんのような薬品を入れ、インク（インキともいいます）を取りのぞきます。さらに薬品で白くして、紙の原料《げんりょう》のパルプにします。

製紙工場でつくった紙は、洋紙店に運ばれます。洋紙店の倉庫《そうこ》には、いろんな種類《しゅるい》の紙が置《お》いてあります。厚《あつ》い紙、うすい紙。真っ白な紙、色のついた紙。同じ白い紙でも、クリーム色がかっていたり、ほんの少し青かったり。

白色にもいろいろあります。すべすべの紙、ざらざらの紙。すかしの入った紙もある。※口絵4ページ 出版社《しゅっぱんしゃ》の人は、たくさんの紙の中から、自分がつくる本に一番ぴったりした紙を選《えら》びます。

## 印刷する

洋紙店で選ばれた紙は、印刷工場に運ばれます。印刷工場で文字や絵や写真を印刷するのです。

印刷にはいろんな種類があります。

たとえば、「凸版《とっぱん》印刷」。凸《とつ》という漢字は、真ん中が出っぱっていますね。凸という字のようなものを使って印刷します。出っぱった部分にインクをつけて紙に押《お》します。

**印刷方法**

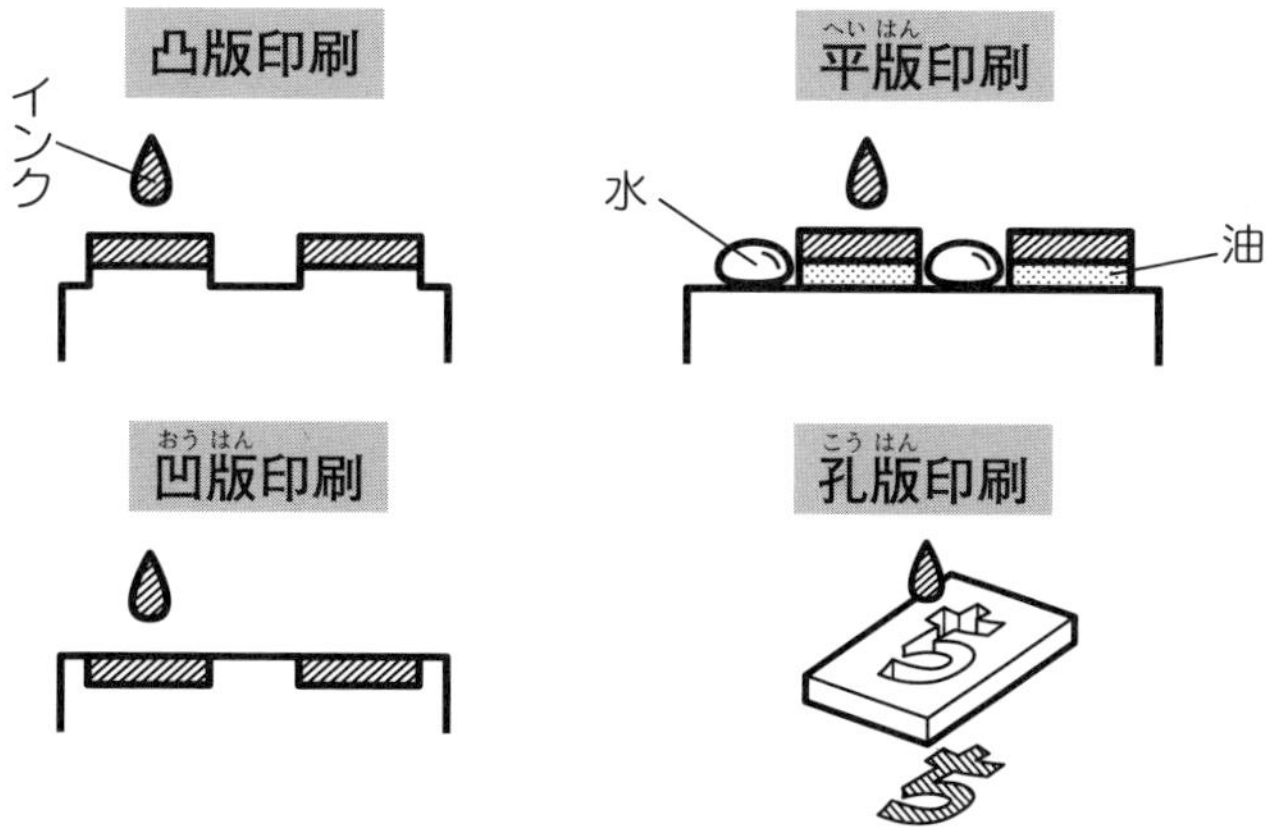

へこんだところにはインクがつきません。すると紙には、出っぱった部分がそのままうつし取られます。

凸版印刷《とっぱんいんさつ》で本をつくるときは「活字《かつじ》」を使います。活字ははんこのようなものです。たいていは一つの活字に一つの文字が彫《ほ》ってあります。ただし裏《うら》返し。ちょうど鏡《かがみ》に映《うつ》したときのようになっています。はんこは動物の骨《ほね》やプラスチックでできているけれど、活字は金属《きんぞく》です。大昔の日本では、木でできた活字もありました。

凸版印刷の中でも、活字を使う方法《ほうほう》を、「活版印刷《かっぱんいんさつ》」とよびます。

本のページをつくるには、この活字を並《なら》べていきます。たとえば「ちしきのもり」という文章をつくるときは、「ち」と「し」と「き」と「の」と「も」と「り」という活字を並べます。

印刷工場には何千個、何万個《こ》もの活字が並んだ棚《たな》があります。同じ「ち」でも、小さな「ち」や大きい「ち」、それから書体といって字のデザインがちがうものなど、たくさんの種類《しゅるい》があります。ひらがなだけじゃなくて、カタカナも漢字も数字も、それから「、」や「。」や「?」も。

本のもとになる文章を「原稿《げんこう》」といいます。印刷工場には、原稿を見て活字を棚から取り出し、箱に並べる人がいます。この仕事を「文選《ぶんせん》」といい、この仕事をする人を「文選工《ぶんせんこう》」といいます。

写真提供　凸版印刷株式会社 印刷博物館

活字のつまった棚から１文字ずつ拾います。

一つの箱に一ページ分の活字が並びます。活字を並び終えたら、インクをぬって紙をのせて、試《ため》し刷《ず》りをします。

この試し刷りした紙を「ゲラ」といいます。

ゲラと原稿《げんこう》を比《くら》べてみて、まちがいがないかどうかを確《たし》かめます。まちがいをさがすことを「校正《こうせい》」といい、校正する人を「校正者《こうせいしゃ》」といいます。まちがいを直したら活版《かっぱん》のできあがり。インクをぬって紙をのせて刷《す》っていきます。ほんとうはもう少し複雑《ふくざつ》だけど、ここでは省略《しょうりゃく》します。

今、活版印刷《いんさつ》はあまり使われなくなっています。多いのは「写植《しゃしょく》オフセット印刷」。活字を使わない印刷です。

しくみは、次のようになっています。

画用紙にクレヨンで絵を描《えが》き、その一面に水をたっぷりふくんだ水彩《すいさい》絵の具をぬってみましょう。次に、布《ぬの》で画用紙の表面から水彩絵の具をふき取ります。クレヨンで絵を描いた画用紙の上に、真っ白な画用紙をのせ、上から強くこすってみましょう。真っ白な画用紙をはがしてください。水彩絵の具がうつっているでしょう。でもクレヨンで描いたところは真っ白なまま。クレヨンが水彩絵の具をはじき、はじかれた絵の具は布でふき取られたからです。

クレヨンで絵を描いた上に、
水彩絵の具をぬる。

水彩絵の具を布でふき取り、
画用紙をのせて、上からこする。

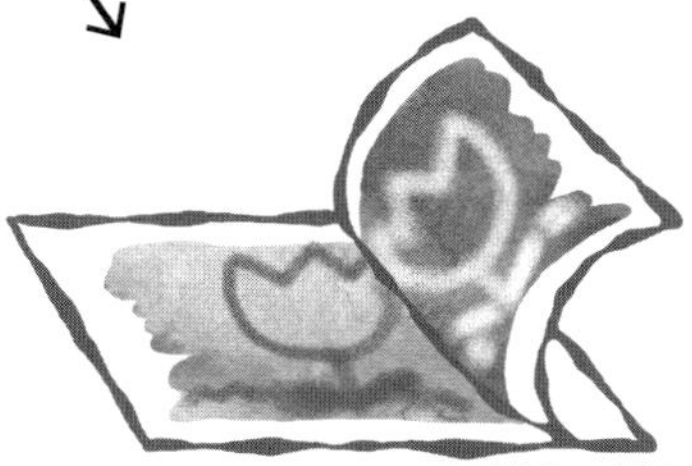

水彩絵の具がうつる！

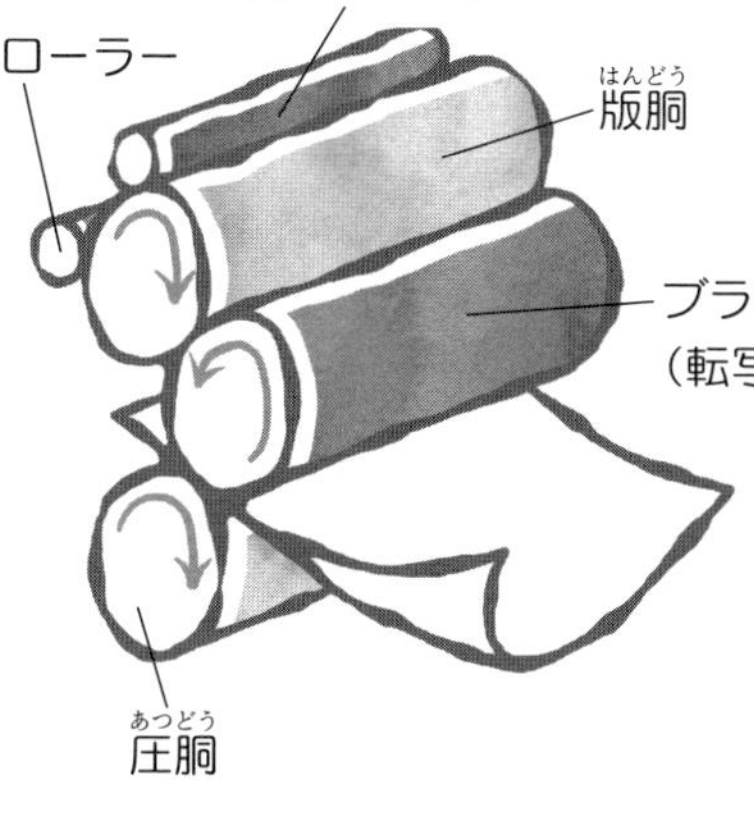


オフセット印刷のしくみは、
この原理と同じ。

活版印刷《かっぱんいんさつ》では、活字《かつじ》を一つずつ箱に入れて活版をつくりました。写植《しゃしょく》オフセット印刷では写真を使います。「写植」は「写真植字《しょくじ》」の略《りゃく》です。写植では文字が書かれたガラス板を使います。下に印画紙《いんがし》※1を置《お》き、上から光を当てて、文字を印画紙に焼《や》きつけます。ガラス板と紙が近ければ文字は小さくなるし、遠ければ大きくなります。活版印刷ではいろんな大きさの活字を用意しなければならなかったけれども、写植オフセット印刷ではガラス板一つでいろんな大きさの文字をつくることができます。

必要《ひつよう》な文字を焼きつけたら、フィルムの写真と同じように現像《げんぞう》します。現像した紙に特殊《とくしゅ》な薬品をぬります。文字のところだけインクがしみるようになる薬です。これを印刷機《いんさつき》にセットします。印刷機の中では、さっきの画用紙にクレヨンで描《えが》いた絵と水彩《すいさい》絵の具の実験《じっけん》と同じようなことが行われます。文字のところにだけついたインクが、紙につきます。

凸版《とっぱん》と平版《へいはん》では、刷《す》り上がった本の表面がちがいます。凸版印刷した本の表面を指でふれると、かすかに凹凸《おうとつ》があるのが感じられます。平版の表面には凹凸がありません。

凸版や平版以外《いがい》にも、いろんな印刷方法《ほうほう》があります。印刷方法によって、本や雑誌《ざっし》、ポスターやチラシなどの感じがずいぶんちがったものになります。編集者《へんしゅうしゃ》やデザイナーは、その本にとっていちばんいい印刷方法を選《えら》びます。

最近《さいきん》はコンピューターを使ったＤＴＰ（デスク・トップ・パブリッシング）やＣＴＰ（コンピューター・トゥー・プレート）という印刷が増《ふ》えてきました。※口絵4ページ 印刷のしかたも時代とともに変《か》わっていきます。

## 紙を本にする

印刷が終わった紙は、製本《せいほん》工場に運ばれます。一枚《まい》の紙には一冊《さつ》の本の一六ページ分が印刷されています。一六ページ分ではなくて、三二ページ分のときもあります。

裏表《うらおもて》に一六ページ分を印刷《いんさつ》した一枚《まい》の紙を、半分にたたんで、また半分にたたんで、さらにもう一度半分にたたんで、と合計三回たたむと、ちょうど一ページ分の大きさになります。

まず、印刷工場からとどいた紙は、大きなカッターで切りそろえられます。するどい刃《は》がついた巨大《きょだい》なカッターが下りてきて、何百枚も一度に切り落とします。働《はたら》く人がけがをしないように、カッターにはいくつもの安全装置《そうち》がついています。レーザー光線による感知器《かんちき》があって、人がいると刃が下りないようになっています。刃を下ろすスイッチも二つあって、両手で左右を同時に押《お》さないと動きません。こうした

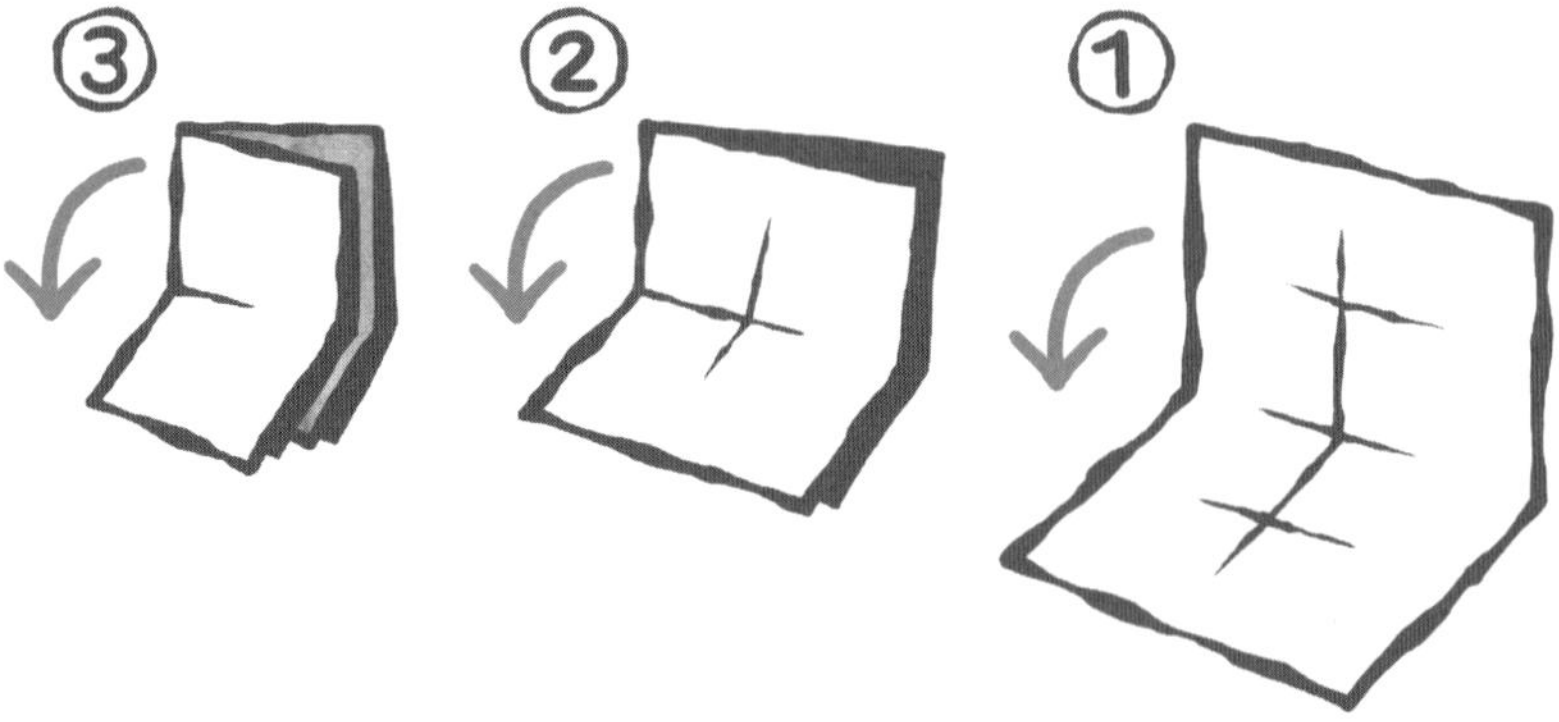

安全装置がつく前は、大けがをする人も多かったそうです。

紙を切りそろえたら、次は折《お》る作業です。半分に折って、それをまた半分に折って、さらに半分に折って。折った紙は、背中《せなか》のところでとじます。折ってとじた紙を順番《じゅんばん》に並《なら》べます。たとえば全部で一六〇ページの本なら、一六ページ分の折った紙を一〇個《こ》並べます。折った紙の背中には黒いインクで印《しるし》がついています。紙を並べたとき、その順番が正しいかどうかを見分けるための印です。もしも順番をまちがって並べたら、たとえば一六ページの次に一七ページではなくて、三三ページが来るような本になってしまいます。

黒い印が段《だん》になっていれば順番通り。

順番《じゅんばん》に並《なら》べた紙を機械《きかい》でぎゅっとはさみます。紙と紙の間に入っている空気をぬくためです。ぎゅっとはさんだら、紙の上と下、そして背《せ》と反対側《はんたいがわ》のふちを、また大きなカッターで切り落とします。この切り落とす部分を「小《こ》口《ぐち》」といいます。

小口を切り落としたら、のりをつけて表紙をはります。この本をよく観察《かんさつ》してください。いちばん最初《さいしょ》のページと最後のページで、本体と表紙がつながっているでしょう?

表紙をつけたら、こんどはカバーや帯《おび》をつけて、のりがよくかわくまで重しをのせて置《お》いておきます。こうして本のできあがりです。

製本《せいほん》のしかたも、いろいろあります。昔は糸でとじていましたが、今は接《せっ》着剤《ちゃくざい》ではり合わせた本がほとんどです。糸でとじているのは辞書《じしょ》や図鑑《ずかん》、そして絵本などです。

本にはいろんな種類《しゅるい》があります。かたい表紙がついた「上製本《じょうせいぼん》」。「ハードカバー」ともいいます。やわらかい表紙の「並《なみ》製本《せいぼん》」。「ソフトカバー」ともいいます。上製本《じょうせいぼん》※2の表紙は、中身よりひとまわり大きいのが特徴《とくちょう》です。もともと表紙は本の中身を保護《ほご》するためにつけられました。だから中身より少し大きい。並製本は表紙と中身が同じ大きさです。

※1印画紙《いんがし》　写真を現像《げんぞう》するときなどに使う特別《とくべつ》な紙。

※2上製本の表紙について　表紙と中身をはり合わせたときのすき間のことを、「チリ」といいます。くわしくは後ろの見返しの図を見てください。

左が「並製本」で右が「上製本」。表紙の厚《あつ》さなど、本のつくりがちがいます。

## 取次《とりつぎ》から本屋さんへ、そしてきみの手に

製本工場でできあがった本は出版社《しゅっぱんしゃ》の倉庫《そうこ》に運ばれます。そして書店からの注文を待ちます。

本の一部は取次（問屋）の倉庫に運ばれます。倉庫で書店からの注文を待ちます。

今、日本では、一年間に八万点ぐらいの本が出版されています。それとは別《べつ》に、これまでに出版されて、書店で買うことができる本が九〇万点ぐらいあります。八万点というと、一年は三六五日ですから、一日平均約《へいきんやく》二二〇点になります。土日をのぞく平日だけで計算すると、毎日三〇〇点以上《いじょう》の新刊《しんかん》が出ていることになります。そして、それ以外に九〇万点もの本があります。

写真提供　図書印刷株式会社

カバーと帯《おび》をかぶせた本は、10〜20冊《さつ》の単位《たんい》で包《つつ》まれます。その後、出版社や取次の倉庫に運ばれていきます。

今、日本には、約《やく》一万四〇〇〇軒《けん》の本屋さんがあります。小さな本屋さんも、大きな本屋さんもあります。本と雑誌《ざっし》だけ売っている本屋さんもあれば、本といっしょに文房具《ぶんぼうぐ》やいろんなオモチャを売っている本屋さんもあります。絵本だけを売っている本屋さんもあります。料理の本だけを売っている本屋さんもあります。ＤＶＤやＣＤのレンタルをしている本屋さんもあります。カフェがあって、コーヒーやジュースを飲んだり、サンドイッチを食べたりできる本屋さんもあります。いすが置《お》いてあって、すわって本を読める本屋さんもあります。時々《ときどき》、絵本の読み聞かせをしている本屋さんもあります。いろんな種類《しゅるい》の本屋さんがあります。

本は出版社《しゅっぱんしゃ》の倉庫《そうこ》から、取次《とりつぎ》の倉庫へと運ばれます。そして、取次の倉庫から、本屋さんへと運ばれます。

取次のトラックが本屋さんに着くと、本屋さんから係の人が出てきて本がつまった段《だん》ボール箱《ばこ》を受け取ります。

本屋さんは段ボール箱やプラスチックの箱を開けて、どんな本が送られてきたのかを確認《かくにん》します。伝票《でんぴょう》と箱の中身が合っているか、確《たし》かめます。

確認が終わると、入ってきた本を分類《ぶんるい》します。

「これは、今日出たばかりの新刊《しんかん》」

「これは、先週、お客さんが注文した本」

「これは、先週売り切れて、注文した本」

一冊《さつ》一冊の本を確かめます。

お客さんが注文した本は、レジカウンターの後ろの特別《とくべつ》な棚《たな》に入れます。

今日出たばかりの新刊は、入り口のそばの、いちばん目立つ台に置きます。

そのとき、表紙がよく見えるように、表紙※1を上に向けて並《なら》べます。

売り切れて注文した本も、台の上に置きます。

それから、台の上ではなくて、本棚《ほんだな》※2に、背表紙《せびょうし》が見えるように並べる本もあります。

本にはいろんな種類《しゅるい》があります。絵本もあれば、小説《しょうせつ》もあれば、マンガもあります。ビジネスや経済《けいざい》の本もあります。音楽や美術《びじゅつ》の本もあります。歴《れき》史《し》の本も科学の本もあります。書店の人は本をさっと見ただけで、てきぱきと置《お》く場所を決めていきます。表紙を見ただけではわからない本は、本を開いて、もくじを読みます。そうすると、どの棚《たな》に置くべきかがわかります。

「この本は、表紙がきれいだから、表紙がよく見えるように置きましょう」

「これはテレビドラマになった本だから、目立つところに置こう」

書店の人は、いろいろ工夫《くふう》しながら本を並《なら》べていきます。

本には「文庫《ぶんこ》」や「新書《しんしょ》」とよばれる形のものもあります。文庫は小さな本。新書は文庫よりも少したて長の本です。

文庫は文庫の棚に、新書は新書の棚に並べます。並べ方は本屋さんによってちがいます。文庫と新書は出版社別《しゅっぱんしゃべつ》に並べる書店もありますし、出版社に関係《かんけい》なく著者《ちょしゃ》の名前の「あいうえお」順《じゅん》に並べる本屋さんもあります。

撮影協力　紀伊國屋書店新宿南店

箱につめられ運ばれてきた本を、それぞれの内容にふさわしいコーナーや階に分けます。その後、たん当の人が確認して本棚に入れます。

雑誌《ざっし》も本屋さんでは大切な品物です。雑誌も取次《とりつぎ》のトラックで運ばれてくると、書店の人が一冊一冊《さつ》チェックをして、伝票《でんぴょう》にまちがいがないかを確認《かくにん》します。

確認が終わった雑誌は、お店に出されます。

ふろくがついた雑誌があります。本屋さんにとどいたときは、雑誌とふろくは別々《べつべつ》になっています。それを一つひとつ組み合わせるのは本屋さんの仕事です。雑誌を開いて、ふろくをはさんで、雑誌をとじて、太い輪《わ》ゴムやひもでしばって、ふろくがぬけ落ちないようにします。

いろんな雑誌《ざっし》があります。女性《じょせい》向けのファッション雑誌、男性向けのファッション雑誌。ビジネス雑誌。総合週刊誌《そうごうしゅうかんし》。自動車の雑誌。映画《えいが》の雑誌。テレビの雑誌。音楽の雑誌。料理《りょうり》の雑誌。スポーツの雑誌。

女性ファッション雑誌も、たくさんの種類《しゅるい》があります。高校生ぐらいが読む雑誌、大学生ぐらいが読む雑誌、若《わか》い会社勤《づと》めの女性が読む雑誌、お母さんぐらいの人が読む雑誌。

たくさんある雑誌を、どんなふうに並《なら》べるかが、本屋さんのうでの見せどころです。少しでも雑誌がすてきに見えるように工夫《くふう》します。

前の号がまだ残《のこ》っているときは、前の号を本棚《ほんだな》から外します。そして新しい号をそこに置《お》きます。五月号が入ってきたら、四月号は外されます。棚から外された雑誌は、箱に入れられ、出版社《しゅっぱんしゃ》に送り返されます。

マンガもたくさん入ってきます。マンガも本や雑誌と同じです。取次《とりつぎ》のトラックで運ばれたら、箱を開けて伝票《でんぴょう》と中身が同じかどうか、チェックします。

入ってきたばかりの新刊《しんかん》は、
人目につきやすい台の上に
並べる。

よく出る本は、すぐに
ほじゅうできるように、
本棚の下の引き出しに
しまう。

あいた時間にPOP《ポップ》や
宣伝文《せんでんぶん》を書く。

でもマンガの場合は、すぐ本棚《ほんだな》に並《なら》べません。まずその前に、「シュリンク・パック」をします。うすいビニールのパックです。あのパックは本屋さんにとどいたときは、まだついていません。本屋さんが一冊《さつ》一冊、うすいビニールでパックするのです。

本屋さんに行くと、本の横に小さなカードが立っていることがありま す。カードにはその本の説明《せつめい》がいろいろ書いてあります。このカードを「POP《ポップ》」とよびます。POPをつくるのも本屋さんのしごとの一つです。POPを見た人が、その本を読んでみたくなるような文章を考えます。「感動します！」「なみだが出ます」「ドキドキします」「人気です」。絵を描《えが》いてPOPにする本屋さんもいます。

クリスマスやハロウィーンが近づくと、お店の中をきれいにかざりつけるのも本屋さんのしごとです。夏休みが近づくとキャンプや旅行の本を集めたコーナーをつくるのも本屋さんのしごとです。

毎日、たくさんの本が本屋さんに入ってきます。お客さんが買っていく本もあれば、売れ残《のこ》ってしまう本もあります。売れ残った本は、出版社《しゅっぱんしゃ》に返します。これを「返品《へんぴん》」といいます。ただし、すべての本を返品するとはかぎりません。

返品するのも本屋さんのしごとです。

「この本は、この店ではもう売れないな」

「ほかに本が入ってきたので、置《お》く場所がなくなっちゃった」

「残念《ざんねん》だけど、またね」

本屋さんは本棚から返品する本を取り出していきます。お店のおくの作業場所に持っていって、一冊一冊チェックしながら箱に入れていきます。返品が入った箱は、よく日、取次《とりつぎ》から来たトラックに乗せます。

## 図書館へ

きみがもしも今、この本を図書館で読んでいるなら、この本は本屋さんから図書館へと運ばれたものです。

図書館には図書館司書《ししょ》がいます。図書館司書は、図書館に置《お》く本を選《えら》びます。毎日、たくさん出る本の中から、この図書館にいちばん合う本を選びます。

書店から図書館に運ばれる本は、ほかの本と少しちがっています。まず、表紙にビニールのカバーがかかっています。たくさんの人がこの本を読んでも、よごれないように。よごれても、簡単《かんたん》によごれを落とせるように。

本の背《せ》のところには、番号や記号を印刷《いんさつ》したシールがはってあります。それは、この図書館[※3]での本の分類《ぶんるい》を印刷したものです。

図書館司書は、本屋さんから本がとどくと分類を確認《かくにん》して、コンピューターに登録《とうろく》します。

コンピューターに登録すると、たとえばその図書館の利用者《りようしゃ》が、自宅《じたく》のコンピューターからインターネットで図書館のコンピューターにアクセスして、その本が図書館にあるかどうかを調べることができるようになります。同じ作者の本をさがしたり、調べたいキーワードやテーマに関連するさまざまなジャンルの本を見つけたりすることもできます。

きみが今、読んでいるこの本は、こうしてきみの手元にとどきました。もとはオーストラリアに生えていたかもしれない一本のユーカリの木が、紙になり、印刷され、製本《せいほん》され、本屋さんに並《なら》べられ、図書館に置かれ、こうしてきみの手にわたりました。

※1・2の並べ方について　くわしくは104～106ページで説明《せつめい》しています。

※3図書館での本の分類　「日本十進分類法《ぶんるいほう》」という方法です。くわしくは108・109ページで説明しています。

## 本の中身はだれがつくる?

さて、ここまで見てきたのは、モノとしての本についてです。

本には中身がある。文章が書いてあったり、絵が描《えが》いてあったり、写真がのっていたり。本には、紙をつくったり印刷《いんさつ》したりする人も必要《ひつよう》だけど、文章を書いたり絵を描いたりする人も必要です。

今、きみが読んでいるこの本は、どんな人たちがつくったのかな。

編集者《へんしゅうしゃ》。編集者はこの本をつくろうと考えた人です。

ライター。ライターは文章を書く人。「作家」とよぶこともありますね。エッセイストとか評論家《ひょうろんか》とか小説家《しょうせつか》とか、肩書《かたが》きはさまざま。

画家。画家は絵を描く人。「イラストレーター」ということもある。
デザイナー。どんな字を使うか、字と絵の配置《はいち》などを考える人。
そのほかにもたくさんの人が、この本に関《かか》わっています。
校正者《こうせいしゃ》。文章にまちがいがないか、チェックする人。
この本にどんな紙を使うか、洋紙店と相談する人。
お金の管理《かんり》をする人。
書店や取次《とりつぎ》に、「この本を仕入れてください」と営業《えいぎょう》する人。
この本のことを宣伝《せんでん》する人。
それから、画家やデザイナーには、アシスタントがいるかもしれません。

## 本の中身はどうやってできるか

本は、だれかが「本をつくろう」と思うところからはじまります。

たとえば編集者《へんしゅうしゃ》が、「こんな本があったらいいな」と考えるかもしれない。それは会社の机《つくえ》に向かって「うーん」と考えるんじゃなくて、ふだんのふとしたきっかけで思いつくことかもしれません。ご飯《はん》を食べているときとか、電車に乗っているときとか、本屋さんで本をながめているときとか、家で寝転《ねころ》がってテレビを見ているときとか。

「こんな本があったらいいな」と思いついた編集者は、出版社《しゅっぱんしゃ》の会議《かいぎ》で提案《ていあん》します。「こんな本があったら、楽しいと思うんですよ」って。それでみんなが「いいね。その本をつくろう」と言うと、本づくりがはじまります。

編集者には考えることがたくさんあります。「こんな本」をもっと具体的《ぐたいてき》にはっきりとイメージすること。それから、だれがその本を書くのか。文章はだれが？　イラストや写真はだれが？　デザインはだれが？

「この人に文章を書いてほしいな」と思ったら、編集者はまず手紙を書きます。「こんな本があったらすてきだな」と思っていること、「あなたに文章を書いてほしい」と思っていること。そうそう、自分がどんな出版社でどんなしごとをしているかの自《じ》己《こ》紹介《しょうかい》も。

手紙を受け取った作家は考えます。「どうしよう」「いそがしいから、ことわろうか」「いや、楽しそうだな」「一度この編集者に会ってみよう」

編集者と作家は会って相談します。編集者は、どんな本をつくりたいと思っているのか、その本をだれに読んでほしいのか、いつごろ完成《かんせい》させたいと思っているのか。作家も、編集者の話を聞い

て自分の考えを話します。こうすればもっとおもしろくなるんじゃないか。たくさんの人に読んでもらうにはどうしたらいいか。

相談は何回もくり返されることがあります。編集者《へんしゅうしゃ》と作家が、おたがいに納得《なっとく》いくまで話し合います。話し合いを重ねるうちに、「こんな本」の中身がだんだんわかってきます。

それから作家は考えます。どんな文章にしようか。どんなことを書こうか。編集者は作家が書くための資料《しりょう》を用意します。本屋さんを見て回ったり、図書館に行ったり。古本屋さんに行って古い本や雑誌《ざっし》をさがすこともあります。インターネットを使って調べることもあります。

## 作家のしごと

作家は机《つくえ》に向かって考えるだけではありません。文章を書くためには、いろんなことを知らなければなりません。たくさんの本を読んで、たくさんの雑誌や新聞の記事を読んで、インターネットで調べて。「取材《しゅざい》」といって、人に会って話を聞いたり、いろんなものを見て歩いたりすることもあります。取材をするためには、話をしてくれる人をさがさなければなりません。作家がさがすこともあるし、編集者がさがすこともあります。遠くの地方や、本によっては外国に行って調べることもあります。編集者がいっしょに取材に行くこともあります。

文章の書き方は、作家によっていろいろです。たくさんのメモを書いて、それをもとに書いていく人もいます。ほとんど頭の中で考えて、いきなり書きはじめる人もいます。書く道具もさまざまです。原稿《げんこう》用紙にえん筆で書く人もいます。一度書いて、ちがう言葉にしたいときは、消しゴムでごしごしと消します。ボールペンや万年筆で書く人もいます。ちがう言葉にしたいときは、前の言葉の上に線を引いて、その横に新しい言葉を書きます。でも、えん筆やボールペンや万年筆で文章を書く人は減《へ》っています。

今、多くの作家はコンピューターで文章を書きます。キーボードを打ってモニターを見ながら。自分の家の書さいで書く人もいるし、自分の家とは別《べつ》にしごと場がある人もいます。喫茶店《きっさてん》やファミリーレストランで書く人もいます。真夜中、みんなが寝静《ねしず》まってから書く人もいるし、朝早く、夜明けとともに起きて書く人もいます。

わたしのしごと場。本であふれています。

## 編集者《へんしゅうしゃ》のしごと

編集者は作家と相談します。作家は編集者と相談することで、自分一人では思いつかなかったことを文章にしたり、文章をわかりやすくしたりすることができます。編集者は、本づくりに役立ちそうな資料《しりょう》をさがしたり、取材《しゅざい》先をさがしたりします。

編集者は画家と相談します。この本にはどんな絵がいいのか、画家と相談します。必要《ひつよう》があれば、絵を描くための資料を用意します。書店や図書館で資料をさがします。絵の参考《さんこう》にするために、画家といっしょに取材に行くこともあります。

編集者はデザイナーと相談します。文章や絵を、どのように配置《はいち》するのか、デザイナーと相談します。デザイナーと本のデザインについても相談します。どんな表紙にするのか、どんな大きさにするのか、編集者はデザイナーと相談します。

編集者は出版社の中の営業《えいぎょう》をたん当する人や宣伝《せんでん》をたん当する人と相談します。その本をどうやって売るのかを相談します。

本の値段《ねだん》を決めるのも編集者です。いろんな人に相談しながら、値段を決めます。

## 画家のしごと

画家は理解《りかい》を助ける絵を描《えが》きます。文章だけではわかりにくいことも、絵があると一目で理解できます。

しかし、そのためには、画家が本の内容《ないよう》をよく理解している必要《ひつよう》があります。画家は編集者《へんしゅうしゃ》と相談して、どんな絵にするのかを考えます。資料《しりょう》を読んだり、取材《しゅざい》をしたりして、絵の内容を考えます。

スケッチを描いて、編集者や作家に見せて、相談することもあります。編集者や作家の意見を聞いて、スケッチを少しずつ修正《しゅうせい》していきます。

この本の絵を描いた、たなかさんは、水彩《すいさい》絵の具とコンピューターを使ってしあげています。

画家はいろんな道具を使います。絵の描き方もさまざまです。紙と色えん筆だけで描く画家もいます。アクリル絵の具を使う画家もいます。最近《さいきん》は、コンピューターで描く画家も増《ふ》えています。

## 写真家のしごと

絵だけでなく、写真を使うこともあります。写真は写真家が撮《と》ります。カメラマンとかフォトグラファーとよばれることもあります。

カメラをかまえてシャッターを押《お》せば写真は写るけれども、「いい」写真はだれにでも撮れるものではありません。どんな角度で、どんなふうに撮れば、いちばん「いい」写真になるのか。プロの写真家になるためには長い練《れん》習《しゅう》が必要《ひつよう》です。

同じものを撮っても、写真家によってちがったものになります。その本の内容や読者を考えて、写真家は写真を撮ります。

レンズには近くのものを撮る用、遠くのものを撮る用などさまざま。

写真家の道具はカメラです。カメラにもいろんな種類《しゅるい》があります。ポケットに入るような小さなものから、一人では運べないぐらい大きなものまで。また、プロの写真家はたくさんの種類のレンズを使い分けます。

少し前まで、カメラはフィルムを使うものがほとんどでした。光が当たると化学変化《へんか》を起こす薬品をぬったフィルムに、写し取るのです。しかし、十年ほど前からデジタルカメラを使う写真家が増《ふ》えてきました。デジタルカメラがどんどん進化して、フィルムに負けないぐらいきれいな写真を撮《と》れるようになったのです。

## デザイナーのしごと

デザイナーはその本がどんなふうに見えるかを考えます。同じ文字でも、いろんな形があります。これを「書体《しょたい》」といいます。デザイナーは書体や、文字と文字の間かく、行と行の間かくを決めます。

文字と絵や写真の配置《はいち》を考えるのもデザイナーです。編集者《へんしゅうしゃ》と相談しながら、どんなふうに配置するのがいちばんいいかを考えます。

昔は細かいたて横の線が印刷《いんさつ》された専用《せんよう》の紙に、えん筆とじょうぎで線を描《えが》いていました。写真を拡大《かくだい》したり縮小《しゅくしょう》したりできる機械《きかい》も使いました。最近《さいきん》はコンピューターでデザインする人が増えています。

どの書体を使うかで、言葉や文章の雰囲気《ふんいき》が変《か》わります。

## 営業《えいぎょう》のしごと・宣伝《せんでん》のしごと

本をつくっても、それだけでは読者に伝《つた》わりません。その本が出たことを知らなければ、だれも読むことができません。その本のことを人々《ひとびと》に知ってもらうことも、とても大切です。

出版社《しゅっぱんしゃ》の営業の人は、毎日、いろんな書店をたずねて回ります。そして、「今度、こんな本が出るんですよ」と書店の人に教えます。チラシやポスターをわたすこともあります。書店の人の質問《しつもん》に答え、どんな内容《ないよう》なのか、どんな読者がいるのかを説明《せつめい》します。

出版社の宣伝の人は、チラシやポスターをつくったり、広告《こうこく》をつくったりします。その本のことを、一人でも多くの人に知ってもらおうとするのが宣伝の人のしごとです。

どんなキャッチコピーをつければ読者がその本を手に取ってくれるかを考えながら、チラシやポスター、カタログをつくります。

## さまざまな人の手をへて

わたしたちがふだん手にしている本には、さまざまな人が関《かか》わっています。本を書く人がいます。著者《ちょしゃ》といいます。小説家《しょうせつか》、ノンフィクション作家、評論家《ひょうろんか》、エッセイスト、詩人……。マンガ家や写真家、画家も著者です。

著者が書いた文章や、マンガ家が描《えが》いたマンガ、写真家が撮《と》った写真などを編集者《へんしゅうしゃ》が編集します。デザイナーは文章やイラストを配置《はいち》したり、全体のデザインを考えたりします。

現在《げんざい》の多くの本は、紙でできています。本に使う紙、洋紙は、木からとったパルプでつくります。古新聞や古雑誌《ふるざっし》など、回収《かいしゅう》した古紙をもとにしたパルプをまぜることもあります。

製紙《せいし》工場でつくった紙に、著者が書き、編集者が編集し、デザイナーがレイアウトした文章や写真やイラストを印刷《いんさつ》します。印刷した紙を製本工場で折《お》ったり、切ったり、かがったり、※のりづけしたりして、本にします。

製本工場でつくられた本は、取次《とりつぎ》などを通って、書店や図書館に運ばれます。わたしたちは書店や図書館で本に出会います。書店や図書館の人々《ひとびと》は、一冊《さつ》の本がより多くの人と出会えるように、さまざまな工夫《くふう》をしています。

たいていの本には、著者の名前や出版社の名前が印刷されています。しかし、その本をつくったのは、名前が書かれた人だけではありません。名前の書かれていない、たくさんの人が、きみが手にしている一冊の本に関わっているのです。

※かがる　糸やひもでつづること。

コラム1

## 本を大切にあつかおう

京都の冷泉家《れいぜいけ》には、八〇〇年も前の本がたくさんあります。和紙にすみで書いた本はとても長持ちするのです。

でも、冷泉家に古い本が残《のこ》っているのは、たんに本がじょうぶだったからだけではありません。本を大切にあつかってきたから、何百年も伝《つた》えることができたのです。

本をあつかうときにはルールがあります。

本を読むときは、まず、手をきれいに洗《あら》いましょう。よごれた手で本をさわると、本によごれがついてしまいます。手のよごれはせっけんで落とすことができますが、よごれた本はもとにもどせません。

本のページはやさしくめくりましょう。紙は、らんぼうにあつかうと、やぶれてしまいます。本をとじるときもやさしく。ページを折《お》ったり曲げたりしないようにしましょう。

本を開いたままにして置《お》いたり、本を開いたままふせて置いたりしてはいけません。読書を一時中断《ちゅうだん》するときは、しおりをはさんでとじましょう。

本棚《ほんだな》から本を取り出すとき、本棚に本をしまうとき、ていねいにあつかいましょう。無《む》理《り》やり引っぱったり、力まかせに押《お》しこんだりすると、本がいたんでしまいます。

図書館などの公共《こうきょう》の本は、書きこんだり、ページを切り取ったりしてはいけません。書きこんだりページを切り取ったりしていいのは、自分の本だけです。

本屋さんにある本もていねいにあつかいましょう。

本を投《な》げたり、落としたりしてはいけません。

本をふんだり、本の上にすわったりしてはいけません。

きみが読まなくなった本でも、ほかのだれかが必要《ひつよう》としているかもしれません。

## 2時間目

# 本のルーツをたどる旅

# 本のはじまり

フランスのラスコーやスペインのアルタミラの洞《どう》くつには、およそ二万年前に描《えが》かれた絵が残《のこ》っています。だれが、なんのために描いたのかはわかっていません。おそらく絵でなにかを伝《つた》えようとしたのでしょう。

まだ文字がなかったころ、人間は絵でさまざまなことを伝えたり記録《きろく》したりしようとしました。やがて絵は簡単《かんたん》になり、文字になっていきました。

今、残っている世界でもっとも古い本は、古代メソポタミアでつくられた本です。五〇〇〇年から六〇〇〇年ぐらい前につくられました。

本といっても、現在《げんざい》のような、紙に印刷《いんさつ》してとじたものではありません。かたちも、現在の本のように四角くはありません。

そのころはまだ紙というものがありませんでした。

古代メソポタミアの本は、土でできていました。粘土《ねんど》をこねて板にします。そこに、植物のくきを切ったペンで文字を書きます。ペンの先は三角形にとがっていて、この三角形の向きで文字をあらわしました。

文字を書いた粘土板は、そのまま日干《ひぼ》しにしたり、焼《や》いたりして固《かた》めました。焼いた粘土はとてもかたくなり、こわれにくくなります。水にぬれてもくずれません。現代のわたしたちがご飯《はん》を食べるときに使う、茶わんや皿とにた素材《そざい》です。

はじめのころの本は、ものの貸《か》し借《か》りをメモしたものでした。たとえば「農作物を一ふくろ、借りました。来年は必《かなら》ず返します」というふうに。

写真提供　公益財団法人 紙の博物館

くさび形文字が記された粘土板。〈複製品〉

やがて人々《ひとびと》は、神様にささげる言葉や、詩を粘土板《ねんどばん》に書いて残《のこ》すようになりました。そして次には、日記を書くようになりました。

粘土板の本は現代《げんだい》の紙の本に比《くら》べると不便《ふべん》なように感じるかもしれませんが、いいところもたくさんあります。洞《どう》くつに描《えが》いた壁画《へきが》は持ち運べませんが、粘土板の本はどこにでも持っていけます。大きなバッグやバケツのようなものに入れれば、たくさんの本を一度に運ぶことができます。焼《や》いた粘土はとてもじょうぶで、長い間保存《ほぞん》できます。古代メソポタミアの人々が書いた本は、六〇〇〇年たった今でも読むことができます。

## 植物、骨《ほね》、木の枝《えだ》

文字が発明されたのも、古代メソポタミアで本がつくられたのとほぼ同時《どうじ》期《き》だと考えられています。

少しずつ時期はちがうけれども、中国の黄河流域《こうがりゅういき》やエジプトのナイル川流域など、世界各地《かくち》で文字が発明され、本がつくられました。

それぞれの本は、その場所で手に入るものでつくられました。

古代エジプトでは、パピルス※口絵2・3ページが使われました。これは、川のほとりや沼地《ぬまち》に生える草で、くきの中のずいを取り出してうすくそぎ、たて横に編《あ》みます。重しをかけて乾燥《かんそう》させて完成《かんせい》。これにペンとインクで文字を書くのです。

## パピルスのつくり方

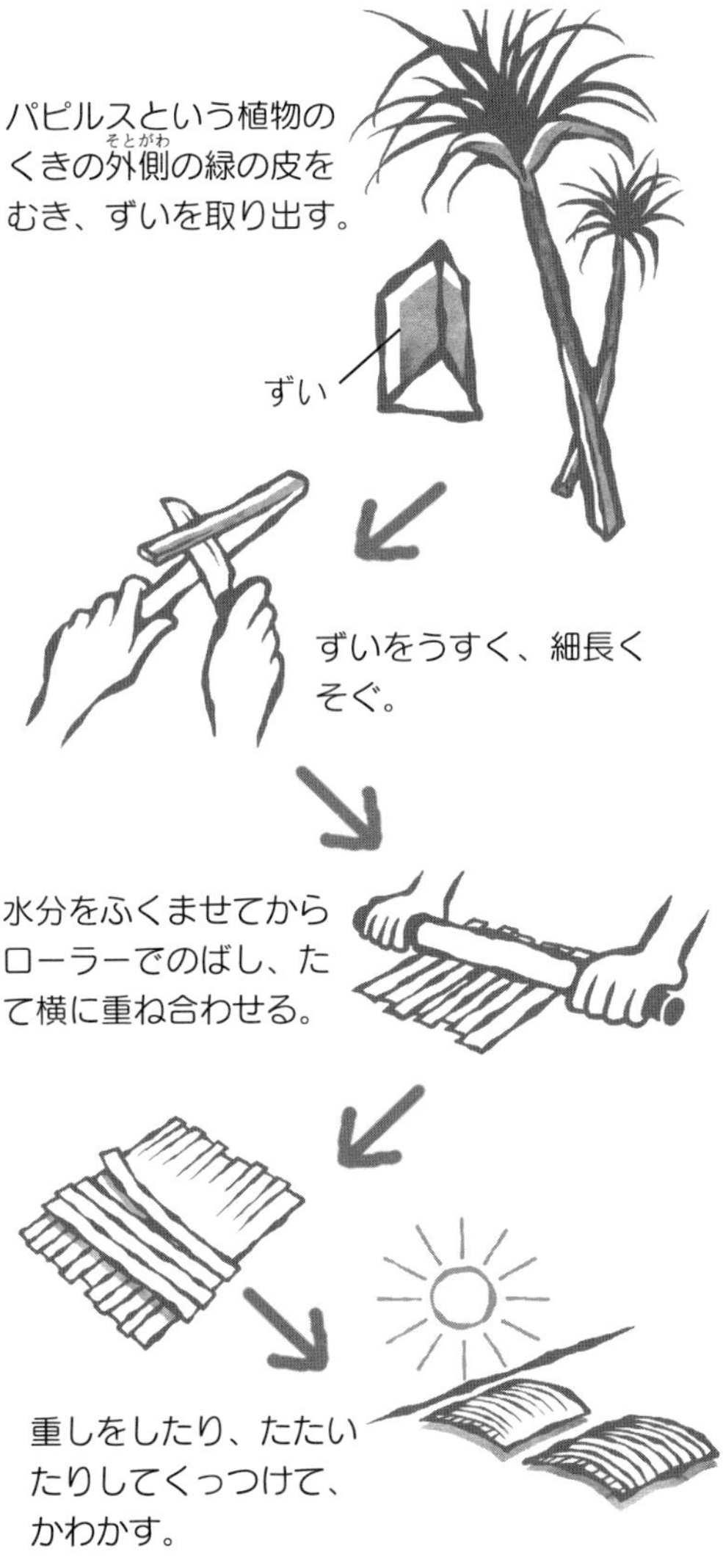

パピルスという植物のくきの外側《そとがわ》の緑の皮をむき、ずいを取り出す。
ずい
ずいをうすく、細長くそぐ。
水分をふくませてからローラーでのばし、たて横に重ね合わせる。
重しをしたり、たたいたりしてくっつけて、かわかす。

パピルスは石や粘土板《ねんどばん》に比《くら》べると、はるかに軽くてうすくて便利《べんり》です。およそ、五〇〇〇年前から一〇〇〇年前ぐらいまでの四〇〇〇年もの間、使われていました。パピルスはのちにペーパー（紙）の語源《ごげん》となります。

中国の人々《ひとびと》は、動物の骨《ほね》やカメのこうらに文字を書きました。やがて、細長く切った竹の板や木の板に文字を書くようになりました。

「竹の本だなんて、不便そうだなあ」と思うかもしれませんが、そんなことはありません。細長くうすく切った竹は、麻《あさ》ひもなどではしの方をかがれば、何枚《なんまい》もの板を一まとめにすることができます。ちょうどブラインドのように。読むときは広げて、読み終わったらくるくると巻《ま》いておけばいい。

木の板は奈良《なら》時代の日本でも使われました。うすく細長い木の板にすみと筆で字を書きます。木の板は、字をまちがえたり用件《ようけん》がすんだりしたら、表面をけずると、もとのようなまっさらな面になって、また字を書くことができます。すり減《へ》ってしまうまで、何度でも使えます。

材料《ざいりょう》となったパピルス（上）や木の板（下）。
昔の人の知恵《ちえ》と工夫《くふう》にはおどろかされます。

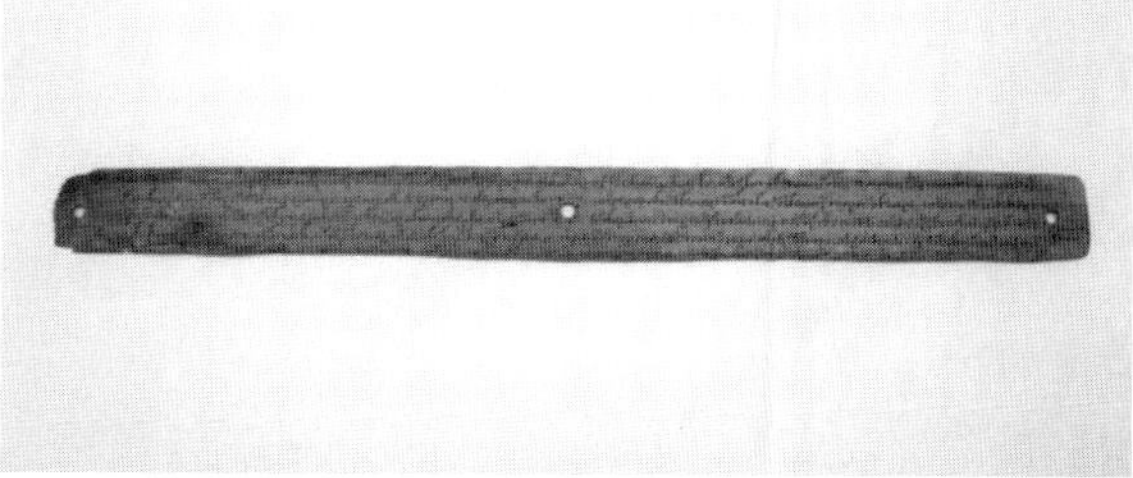

古代インドの人々《ひとびと》は、植物の葉に文字を書きました。東南アジアや南アジアでも木の葉が用いられました。多くはヤシの葉が使われました。孔子《こうし》[※1]の言葉は竹の板に、ブッダ[※2]の言葉は木の葉に、キリストの言葉はパピルスに書かれました。

粘土板《ねんどばん》やパピルスが発明されるまで、本はありませんでした。では、人はだれかになにかを伝《つた》えようとするとき、どうしたのでしょう。おそらく歌にしたのではないでしょうか。みなさんも、なにかを覚《おぼ》えておこうとするとき、リズムやメロディーをつけて歌にするとわすれにくいでしょう。たとえば歴《れき》史《し》の年号や数学の公式《こうしき》を。昔の人も、いろんなことを歌にして、遠くの人や後世の人に伝えようとしたのではないでしょうか。

文字を持たない言語はたくさんあります。世界の言語の種類《しゅるい》は五〇〇〇とも八〇〇〇ともいわれています。しかし、そのうち、文字のある言語は数百しかありません。文字がないからといって、その文化がおくれているとか、おとっているとかということはありません。文字がなくても言葉は伝えられます。でも、文字があれば、歌よりももっと効率《こうりつ》よく言葉を伝えられます。

## 動物の皮《かわ》に

パピルスは片側《かたがわ》の面にしか字や絵を描《えが》くことができません。折《お》るのにも向いていません。そのため、しまったり運んだりするときは、巻《ま》いておくしかありません。また、パピルスの草が生えないところではつくれません。石や粘土板にくらべると便利《べんり》になったけれども、もっと便利なものはないだろうかと人々は考えました。

そこで考え出されたのが羊皮紙※口絵2ページです。発明したのは今のトルコがあるあたりに住む人々だったといわれます。二二〇〇年ぐらい前のことです。

羊皮紙は動物の皮をうすくそいで、紙のようにしたものです。「羊の皮」と書きますが、羊だけでなくヤギや子牛の皮も使います。表面がなめらかで、片面《かためん》しか使えなかったパピルスとちがい、両面に文字や絵を描《えが》くことができます。また、やわらかくしなやかなので、曲げたり折《お》ったりすることもできます。

パピルスは巻物《まきもの》のようにして保存《ほぞん》しました。はじめのうちは羊皮紙でも、巻物の本でした。しかし、やがて二つ折り、四つ折りに折りたたんで使われるようになりました。折った羊皮紙をいくつか重ねてとじ、さらに木の板のカバーを前後につけました。今日の本とほとんど同じものがつくられるようになりました。

本はパピルスから羊皮紙へと変化《へんか》しましたが、短い時間に一気に変《か》わったわけではありません。草からつくるパピルスに比《くら》べると動物からつくる羊皮紙はとても高価《こうか》なものでした。だから、ふだんのちょっとしたメモなどにはパピルスを使い、本当に大切なものには羊皮紙を使うなど、パピルスと羊皮紙を使い分ける時代が長く続《つづ》きました。

羊皮紙はとても貴重《きちょう》なものでした。一冊《さつ》の本をつくるのに、何十頭も、ときには何千頭もの牛や羊が必要《ひつよう》になりました。ですから羊皮紙の時代に本を読めるのは、世の中のごくごく一部の人たちだけでした。

## ついに紙が登場

紙を発明したのは中国の人々《ひとびと》です。今から二〇〇〇年以上前に、すでに使われていました。つくり方は現在《げんざい》とほとんど同じです。麻布《あさぬの》などのぼろ布や植物の皮などから、紙をつくりました。

紙の本もパピルスと同じくはじめは長い巻物でした。やがて巻物を折った折本《おりほん》がつくられ、今日と同じようなとじた本がつくられるようになりました。

中国から日本に紙のつくり方が伝《つた》わってきたのは、一四〇〇年ぐらい前のことです。その後、日本では、日本に生える植物を使った独特《どくとく》の紙、和紙が発展《はってん》しました。

イスラム教の国々《くにぐに》に紙のつくり方が伝《つた》わるのは、日本よりも一〇〇年ほど後のことでした。しかし、西ヨーロッパに伝わるまでさらに四〇〇年ほどかかります。ヨーロッパに製紙《せいし》工場がつくられるのは一二世紀《せいき》から一三世紀ごろのことです。

※1孔子《こうし》　紀元前五〇〇年前後に中国で活やくした思想家。
※2ブッダ　さとりの境地《きょうち》に達《たっ》した者のこと。とくに、しゃかをいいます。

## 印刷《いんさつ》技術《ぎじゅつ》の発達《はったつ》

一四五〇年ごろ、今から五六〇年ほど前に、ヨハネス・グーテンベルクが活版《かっぱん》印刷術を発明しました。これによって本の世界は大きく変《か》わることになります。

それは鉛《なまり》を主にした合金をとかして活字《かつじ》をつくり、その活字を並《なら》べてインクをぬり、そこに紙をのせて印刷する、という方法《ほうほう》です。グーテンベルクがゼロから発明したというよりも、すでにあったさまざまな技術を組み合わせて改良《かいりょう》し、現在《げんざい》の印刷機《いんさつき》のもとになるものを考案《こうあん》したといっていいでしょう。

印刷のしくみはそれ以前《いぜん》から知られていました。木に文字や絵を彫《ほ》り、インクをぬって紙に押《お》しつける木版印刷は、ヨーロッパでもさかんでした。

日本では七七〇年に「百万塔陀羅尼《ひゃくまんとうだらに》」※口絵3ページという塔《とう》のかたちをした木のケースに入ったお経《きょう》がつくられています。これは名前の通り、一〇〇万個《こ》つくられ、一〇万個ずつ一〇のお寺におさめられました。このお経は印刷《いんさつ》でつくられました。現存《げんぞん》する、世界最古《さいこ》の印刷物です。ただし、どのように印刷したのか、版《はん》が木だったのか金属《きんぞく》だったのかは、まだわかっていません。

中国では一一世紀《せいき》に金属ではなく粘土《ねんど》を焼《や》いたセラミックの活字《かつじ》がつくられた記録《きろく》がありますし、高麗《こうらい》※では一四世紀に金属活字がつくられました。しかし、いずれもあまり普及《ふきゅう》しませんでした。

## グーテンベルクと活字

グーテンベルクが考えついたのは、まず活字というものです。アルファベットの一文字一文字を活字にして、同じものをたくさんつくっておきます。活字を並《なら》べれば、いろんな文章をつくることができます。使った活字は、印刷が終わったらバラバラにして、次の印刷物にまた使うことができます。

活字は次のようにつくります。

まず活字のもとになるものを彫《ほ》ります。これを父型《ふけい》といいます。はんこと同じと思っていいでしょう。活字は出たところにインクがつき、紙に押《お》すとインクが紙にうつります。このとき、活字と印刷面は左右が反対になります。ですから父型も、左右を反対に彫らなければなりません。父型は鉄《てつ》などのかたい金属でつくります。

「印刷の父」とよばれたグーテンベルク。

次に、父型を銅《どう》に打ちこんで母型《ぼけい》をつくります。父型で出っぱったところが母型ではへこみ、父型でへこんでいたところが母型では出っぱります。

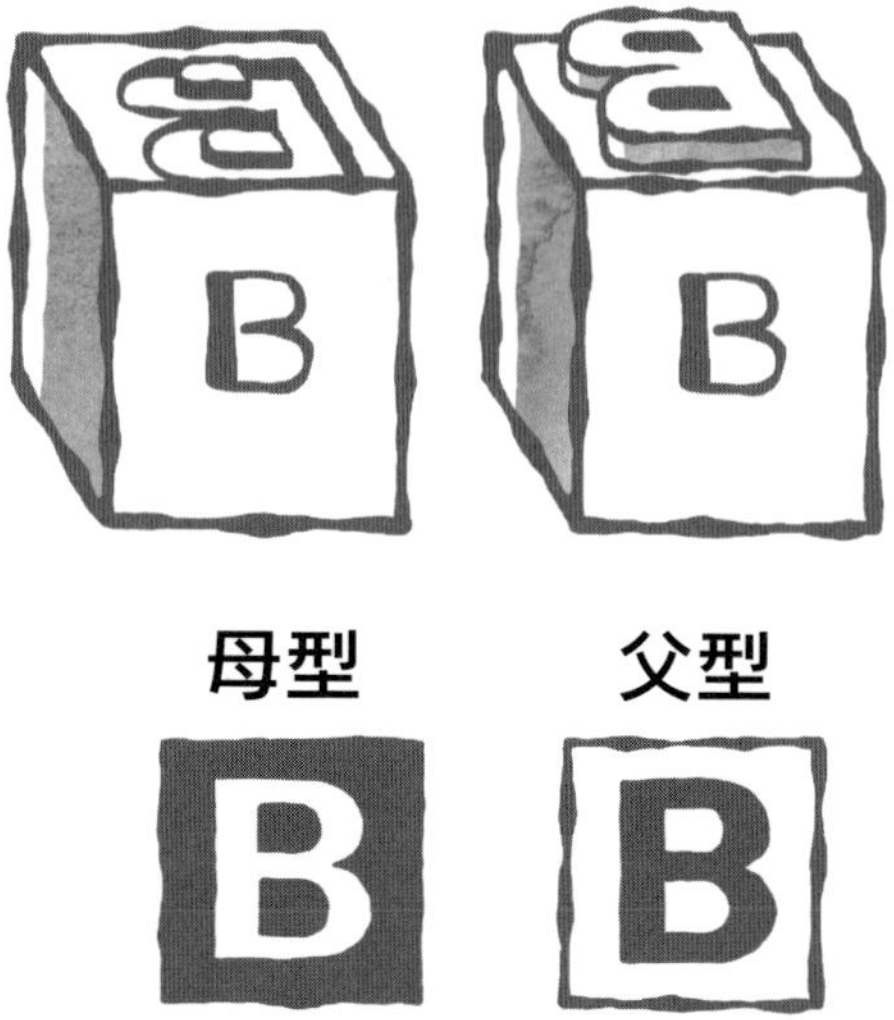

活字づくりは、すべての作業を一人でやるのではなく、さまざまな職人が自分のたん当を決めて行っていた。

この母型《ぼけい》にとかした鉛《なまり》などの合金を流しこみます。合金が冷《ひ》えて固《かた》まると、父型《ふけい》とそっくり同じものができます。これが活字《かつじ》です。

グーテンベルクのアイデアがすばらしいのは、一組の父型と母型から何本もの活字をつくり出せるところです。一人の職人《しょくにん》が一日に六〇〇個《こ》もつくったそうです。どんな本でもけっこうですから、ページを広げてみてください。一ページの中に同じ文字がいくつもあるでしょう。文字の種類《しゅるい》の多い日本語ですらそうなのですから、アルファベットでつづられるドイツ語や英語やフランス語の本では、同じ文字を何回も使います。

## インクや印刷機《いんさつき》も手づくりで

印刷に向いたインクもつくられました。適度《てきど》にねばりけがあって、時間がたつとかわく。印刷した文字がいつまでも消えず、くっきりときれいに見えるインクです。

そして印刷機《いんさつき》。これはワインをつくるときに使うぶどうしぼり機を改良《かいりょう》しました。大きな板にねじが取りつけてあって、このねじを回すと板がゆっくりと動いていきます。ぶどうをしぼる代わりに、インクをつけた活字《かつじ》に紙を押《お》しつけるのです。こうすると活字全体に均等《きんとう》に圧力《あつりょく》がかかり、インクがむらなくつきます。

グーテンベルクがつくった本は現在《げんざい》でも何冊《なんさつ》か残《のこ》っていて、日本では東京の慶應義塾《けいおうぎじゅく》図書館にあります。とても美しいものです。

## 本の歴史《れきし》を変《か》えた修道院《しゅうどういん》

活版《かっぱん》印刷が発明されるまで、すべての本は手で書かれていました。一冊一冊、一文字一文字、人間の手によって書かれました。古代のメソポタミアやエジプトや中国やインドの人々《ひとびと》は、手書きで本をつくっていました。

ヨーロッパの場合を見てみましょう。

写真提供　凸版印刷株式会社 印刷博物館

グーテンベルクが考えついた印刷機は、このようなものだったのではないかといわれています。

活版印刷《かっぱんいんさつ》が発明されるまで、字を読み書きできるのは僧侶《そうりょ》（修道士《しゅうどうし》）ぐらいしかいませんでした。学者たちもほとんどが僧侶でした。本をつくるのも、本を保存《ほぞん》するのも、たいていは修道院《しゅうどういん》でした。

修道院の中では、僧侶たちが本を読み、本をつくっていました。専門《せんもん》の僧侶たちがいました。本のつくり方には二種類《しゅるい》あります。だれかが本を読んで、それを聞きながら書き写す方法《ほうほう》。もう一つは、手本を横に置《お》いて、それを見ながら書き写す方法です。どちらにしても、ペンとインクで羊皮紙に書き写していきました。

修道院にはたくさんの本がありました。どの本も、今の本に比《くら》べるとはるかに大きなものでした。大きい上に、木の板の表紙がついていましたから、とても重いものでした。ちょっと小わきにかかえて持って運ぶ、なんていうふうにはいきませんでした。手で持ったまま読もうとすると、うでが痛《いた》くなってしまいます。

ですから、本を読むときは、上のところがななめになっていて本を立てかけられる専用《せんよう》の机《つくえ》が必要でした。しかも、そのころの本は、長いくさりで机につながれていました。本がなくならないように。それくらい本は貴重《きちょう》なものでした。

修道院《しゅうどういん》には本がたくさん集まっていました。これがのちの図書館のはじまりです。修道院では僧侶《そうりょ》たちが本を読み、本を書き写し、その内容《ないよう》について議論《ぎろん》しました。これがのちの学校のはじまりです。

羊皮紙はパピルスとちがって、インクをあまりすいこみませんので、文字だけでなくさまざまな絵を本に描《えが》き入れるようになりました。

本のデザインもしだいに洗練《せんれん》され、こったものになっていきました。たとえば文字の形も、読みやすく美しいものが考え出されました。手で書き写すのですから、どうしても一人ひとりの個性《こせい》が出てしまいがちですが、できるだけだれが書いても同じように見えるように工夫《くふう》されました。

今、本を開くと、ページの上下左右にすき間がありますね。このすき間がどれくらいあると美しく見えるか、文字と文字の間かく、行と行の間かくはどれくらいがいいか、いろいろと研究《けんきゅう》されました。

やがて本を革《かわ》の表紙で包《つつ》んだり、金属《きんぞく》のとめ金をつけたりするようになります。本をとじた糸も、残《のこ》りの部分を美しく織《お》るようになります。本はたんに文字が書き写された羊皮紙のかたまりではなく、一つの工芸品《こうげいひん》、美術品《びじゅつひん》のようになっていきました。

修道院の僧侶だけでは人手が足りなくなると、本をつくる専門《せんもん》の人々《ひとびと》もあらわれるようになりました。

## 新しい技術《ぎじゅつ》の発明

活版印刷《かっぱんいんさつ》が発明されると、本のつくり方は大きく変《か》わりました。手で書き写していた時代に比《くら》べて、一度にたくさんの本をつくれるようになりました。

それまで本を読むことができるのは僧侶《そうりょ》や貴族《きぞく》の一部などごくかぎられた人々《ひとびと》でしたが、たくさんの本が世の中に出るようになって、読み書きができる人も増《ふ》えていきました。

本の種類《しゅるい》も、宗教《しゅうきょう》や哲学《てつがく》に関《かん》するものだけでなく、楽しみとして読む本も増えていきました。本の種類が増えると、本を読む人も増え、本を読む人が増えると、さらに本の種類は広がっていきました。

もう一つ、大きな変化《へんか》がありました。それは本が小さくなったことです。羊皮紙でつくられた本は、大きくて厚《あつ》くて重いものでした。それが印刷《いんさつ》では、だんだん小さなものになっていきました。また、ページに番号がつけられるようになるのもこのころからです。

大きな本は修道院《しゅうどういん》の図書館に置《お》かれていましたが、印刷されて大量につくられるようになり、小さくなると、個人《こじん》の家にも置けるようになりました。五〇〇〇年以上続《いじょうつづ》いた手書きの本が、印刷の本によってとって代わられるようになりました。本の世界の、最大《さいだい》の変化です。

はじめのころの印刷本は、手書きの本そっくりにつくられました。しかしやがて、印刷本ならではの活字《かつじ》がデザインされるようになりました。活字の種類も増えました。

活版《かっぱん》印刷に続いて、新しい印刷技術《ぎじゅつ》が次々《つぎつぎ》と発明されました。たとえば、一八世紀《せいき》の末《すえ》には「リトグラフ」が発明されます。これは1時間目で見た写《しゃ》植《しょく》オフセット印刷と同じ原理です。石灰岩《せっかいがん》の板をしめらせると水をはじきます。このしくみを使って、活版印刷ではむずかしかった絵の印刷が自由にできるようになりました。

グーテンベルクが活版印刷を発明して間もない一四八〇年代、ヨーロッパでの一年間の新刊《しんかん》点数は一〇〇〇点をこえる程度《ていど》だったといわれます。それが、一〇〇年あまり後の一八世紀初頭《しょとう》には三〇〇〇点をこえ、一九世紀初頭では五〇〇〇点をこえました。それでも、最初《さいしょ》の二〇〇年間は、それからの二〇〇年間に比《くら》べると、とてもゆっくりとした増《ふ》え方でした。

一九世紀のはじめ、ドイツのケーニヒは印刷機《いんさつき》に動力をつけることを思いつきます。活字にインクをつけるローラーを蒸気機関《じょうききかん》で動かすのです。ここから印刷の機械化《きかいか》がどんどん進み、早くたくさんの本をつくれるようになりました。版《はん》を円筒形《えんとうけい》にすることが考案《こうあん》されると、一度に印刷できる枚数《まいすう》がさらに増えました。大量の本がつくられ、同じ本を同時にたくさんの人が読む時代が来ました。

## 日本では

日本では、ヨーロッパと少しちがう本の発展《はってん》がありました。中国から紙が伝《つた》わったのはヨーロッパよりもうんと早かったし、印刷という技術《ぎじゅつ》も早くから知られていましたが、金属活字《きんぞくかつじ》を用いる活版《かっぱん》印刷は普及《ふきゅう》しませんでした。

木でつくられた活字が使われた時期《じき》もありましたが、これもそれほど普及していません。日本語はアルファベットに比べると文字の種類《しゅるい》がたくさんあるので、活字よりも一ページ一ページ、版木を彫《ほ》っていく方が効率的《こうりつてき》だったのでしょう。また、うすくてしなやかな和紙は、彫った版木を一枚《まい》一枚刷《す》っていくのに向いていていました。

ヨーロッパの本が厚《あつ》くてかたくて重いのに対して、和本、日本の本は、うすくてやわらかくて軽いものです。和本は細い糸でとじてあるだけなので、何度も読んでいると糸が切れてしまいます。しかし新しい糸と針《はり》で、だれでも簡単《かんたん》に修理《しゅうり》することができます。和紙にすみで書いた本は、一〇〇〇年以《い》上《じょう》たっても読むことができます。

日本で活版印刷とヨーロッパ式の本づくりがはじまったのは、明治《めいじ》になってからでした。それまでも、本そのものは日本にも入ってきていましたが、自分たちでヨーロッパ式の本をつくろうとはしませんでした。

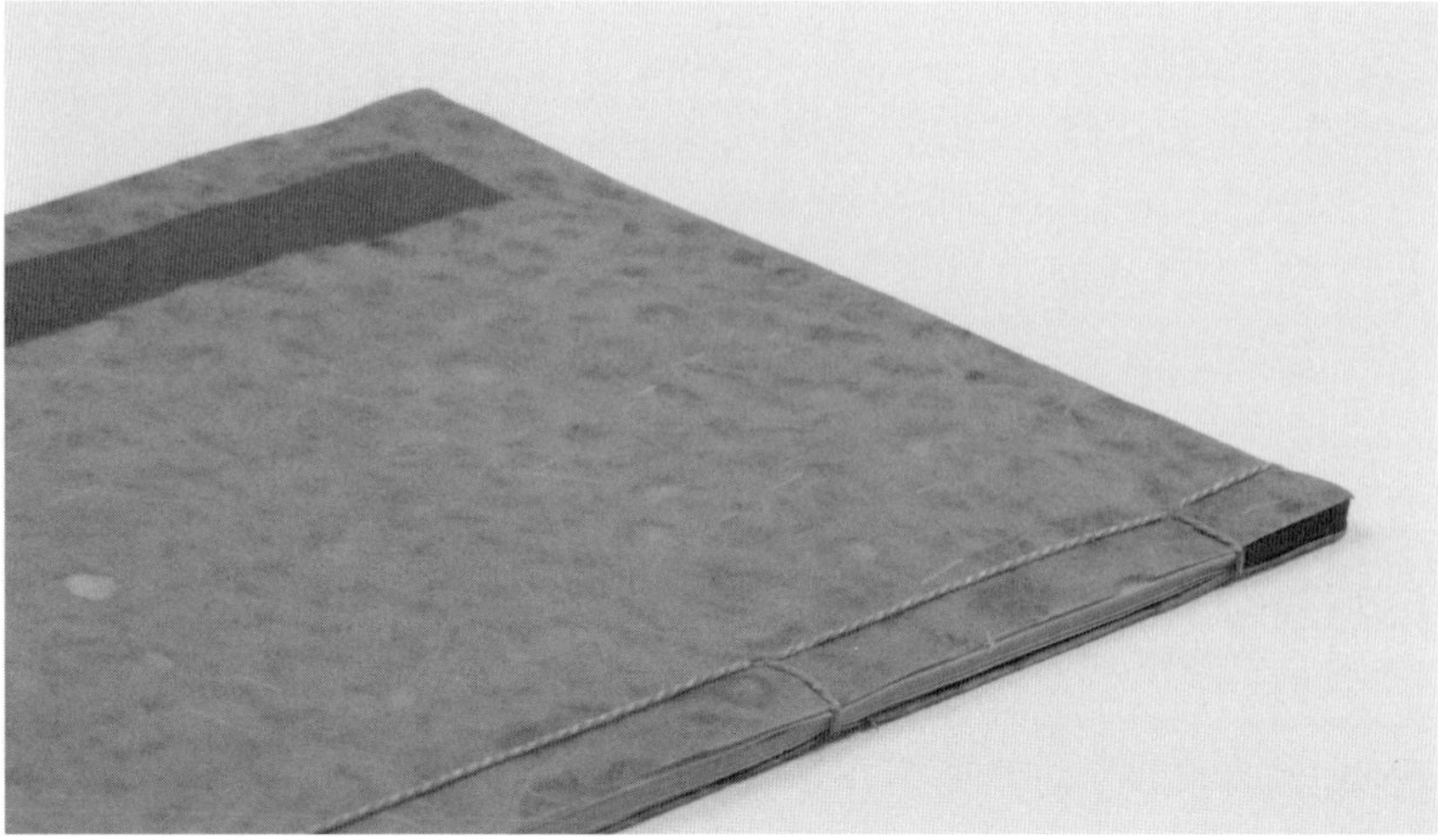

古くから日本でつくられてきた和本。のりなどは使わず、和紙にあなを開け、糸でとじてあります。

それに対して、洋本は革《かわ》でくるんで仕立てているので厚《あつ》みがあり、和本に比《くら》べてどっしりとしています。

活版《かっぱん》印刷《いんさつ》の技術《ぎじゅつ》は伝《つた》わっても、文字はアルファベットをそのまま使うわけにはいかず、日本語の活字を一からつくらなければなりませんでした。ひらがな、カタカナ、たくさんの漢字、そして点や丸などのさまざまな記号。しかも、同じ文字でも字の形や大きさにいくつも種類《しゅるい》があります。それを一つひとつデザインし、活字《かつじ》にしていくのはたいへんな苦労《くろう》でした。

やがてオフセット印刷機《いんさつき》が輸入《ゆにゅう》されると、活版印刷に代わって主流となります。オフセット印刷は、リトグラフと同じしくみの印刷方法《ほうほう》です。国産《こくさん》の輪転《りんてん》オフセット印刷機がつくられ、写真植字機《しょくじき》が発明されました。

一九六〇年代になると、印刷機をコンピューターで制御《せいぎょ》するようになりました。写真植字もコンピュータで制御します。印刷はより早く、より大量《たいりょう》に、より美しくできるようになりました。

※高麗《こうらい》　九一八年～一三九二年まで続《つづ》いた朝鮮《ちょうせん》半島の国。

## 電子書籍《でんししょせき》があらわれた

グーテンベルクが活版印刷《かっぱんいんさつ》を発明したことによって、それまで五〇〇〇年続《つづ》いていた手書きの本は、印刷した本に取って代わられるようになりました。

さらに、活版印刷の発明からおよそ五〇〇年たって、新しい本のかたちが生まれました。それが電子書籍です。電子書籍は「デジタルブック」とか「e《イー》ブック」などともよばれます。まだ普及《ふきゅう》がはじまったばかりで、本当に紙の本に取って代わるのかどうか、今のところまだわかりません。一部のかぎられた人だけが読むものになるかもしれませんし、一時の流行として消えてしまう可能性《かのうせい》もあります。

しかし電子書籍には紙に印刷した本にはないさまざまな長所があります。

そして同時に、たくさんの短所もあります。電子書籍の登場によって、手書きでもない印刷でもない、新しい本の歴史《れきし》がはじまりそうです。

電子書籍は紙の本といろんなところがちがっています。

まず、電子書籍にはかたちがありません。たとえば、ある会社が提供《ていきょう》している電子書籍は、同じ本をいろんな機械《きかい》で読むことができます。次のような読み方ができます。想像《そうぞう》してみてください。

朝。その人は、会社に行く電車の中です。電車がこんでいるので立っています。スマートフォンで電子書籍を読みます。スマートフォンなら片手《かたて》におさまるほどの大きさですし、一方の手でつり革《かわ》につかまりながらもう一方の手で操作《そうさ》することもできます。イヤホンで音楽を聞きながら読むことも。

お昼休み。ご飯《はん》を食べた後、会社の近くのカフェでゆっくりとコーヒーを飲みます。バッグから電子ブックリーダーを取り出してスイッチをオンに。

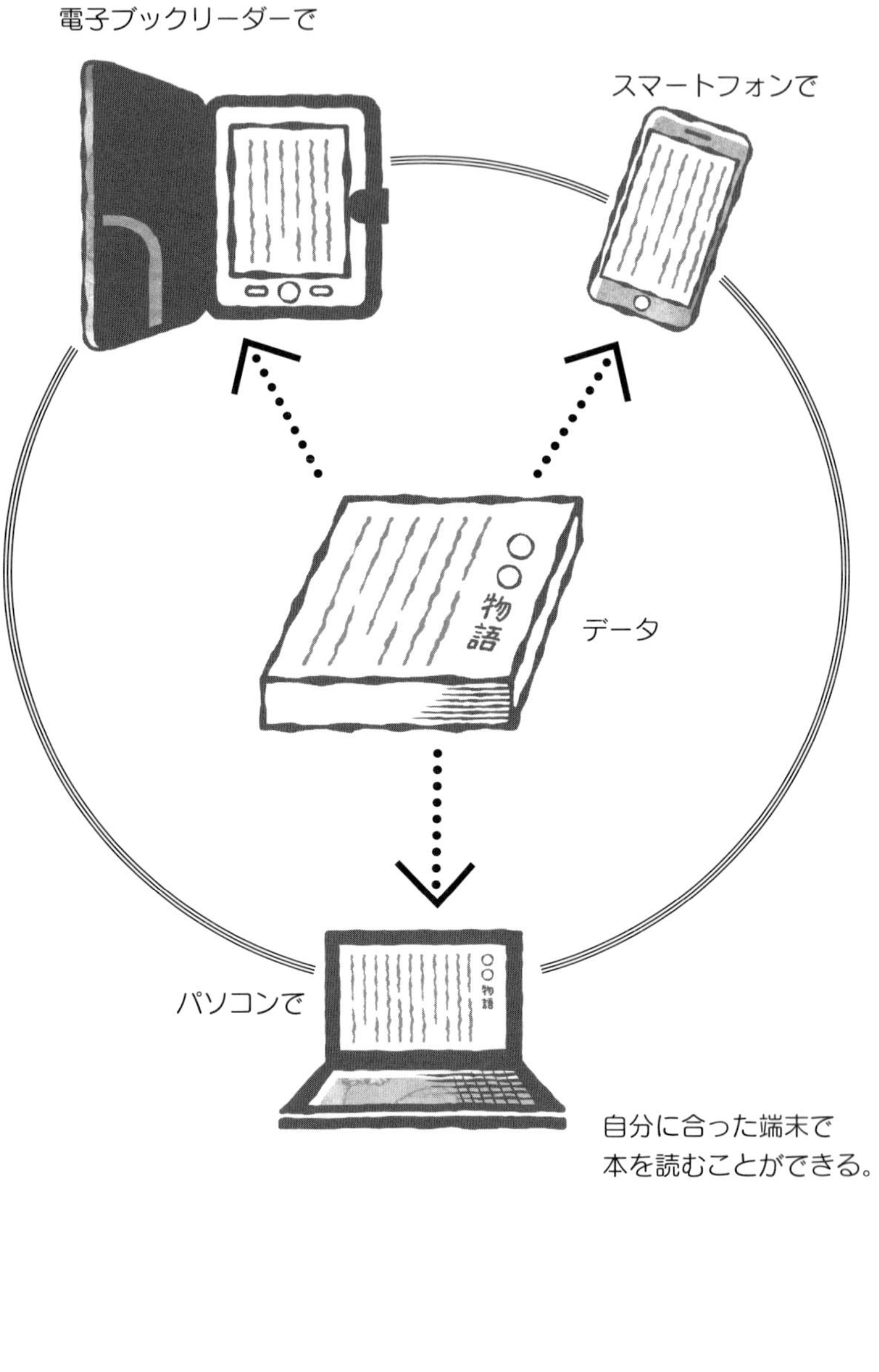
電子ブックリーダーで
スマートフォンで
○○物語
データ
○○物語
パソコンで
自分に合った端末で
本を読むことができる。

すると、朝、スマートフォンで読んでいたページが開きます。スマートフォンや電子ブックリーダーが、インターネットと交信《こうしん》しながら「同期《どうき》」※という作業をしているのです。

夜。自宅に帰って、こんどは書さいのパソコンで同じ本を読みます。もちろんこれも昼間、カフェで読んでいたページが開きます。

つまり電子書籍《でんししょせき》というのは、一冊《さつ》の本がインターネットの中にあって、それをパソコンやスマートフォン、電子ブックリーダーなど、そのときに応《おう》じた端末《たんまつ》で読むしくみです。端末はあくまで本を読む機械《きかい》であって、本そのものはインターネットの中にあるのです。

電子書籍は、「本のデータそのものを購入《こうにゅう》する」のではなく、「そのデータを読む権利《けんり》を購入する」といった方が正確《せいかく》です。

※同期　内容や情報《じょうほう》をいっしょにすること。この場合、インターネットを使って、ことなる端末でデータを共有《きょうゆう》することを意味します。

## 電子書籍《でんししょせき》の機能《きのう》

電子書籍には二つの形式があります。一つは紙の本と同じページがデジタル画像化《がぞうか》されたもの。紙の本を読むのも、同じ本を電子ブックリーダーの画面で読むのも、ほとんどイメージは変《か》わりません。

もう一つの形式では、書体の種類《しゅるい》や大きさ、行の間かくなどを読者が変えることができます。たとえば視力《しりょく》の弱い人は、文字を大きくしたり、文字と背景《はいけい》の色をぎゃくにしたりすることもできます（黒地に白い文字の方が読みやすいという人もいます）。

画面の大きさが同じであれば、文字が大きくなると、一ページ（一画面）に入る文字の量は変わります。本全体のページ数も、読む人によって変わります。そして本全体のページ数は、電子書籍では固定《こてい》されません。

電子ブックリーダーにもいろんな種類があります。自分の使いやすい大きさ、必要《ひつよう》な機能《きのう》がついているものを選《えら》べます。

## 紙の本はなくなる?

それでは、やがて本はすべて電子書籍《でんししょせき》になり、紙の本はなくなってしまうのでしょうか。

たぶんそんなことはないでしょう。

本の歴史《れきし》をふり返ってみましょう。五〇〇〇年前に、手書きの本が生まれました。最初《さいしょ》は粘土板《ねんどばん》やパピルスや竹の板や木の葉に書いていました。やがて、羊皮紙や紙の本に代わりましたが、手書きの時代が長く続《つづ》きました。五〇〇年前に、活版印刷《かっぱんいんさつ》がはじまりました。印刷機《いんさつき》の登場によって本を読む人が増《ふ》えました。

しかし、印刷本が増えたからといって、人は手で文字や絵を描《えが》くことをやめたわけではありません。印刷物に囲《かこ》まれている私たちも、ちょっとしたメモは手で書きますし、学校の授業《じゅぎょう》も手でノートをとります。メールはキーボードで打つけれども、紙の手紙やはがきは手書きでという人も多いでしょう。印刷した年賀状《ねんがじょう》にも、一言二言、手で書き加《くわ》えますね。印刷物がこんなに増えても、手書きは印刷と共存《きょうぞん》しているのです。

手書きの本が生まれる前はどうだったでしょう。おそらく歌が本の役割《やくわり》を果《は》たしていた、と前の方に書きました。伝《つた》えたいことは歌にした。歌にして覚《おぼ》えて、わすれないようにした。歌が本でした。

では、文字が生まれ、手書きの本がつくられ、やがて印刷本の時代になったからといって、歌はなくなったでしょうか。そんなことはありませんね。詩や短歌や俳句《はいく》は今もつくられていますし、歌はますますさかんです。カラオケに行く人もたくさんいるし、大好《だいす》きな曲をみんなで歌うこともある。サッカーや野球の応援《おうえん》のときも歌を歌いますね。歌はなくなりません。

それと同じように、たとえ電子書籍が本の主流になったとしても、紙の本はなくならないでしょう。

## 身近な電子書籍《でんししょせき》

辞書《じしょ》と地図はもっとも成功《せいこう》した電子書籍です。電子辞書を使う人は多いし、自動車を運転するとき紙の地図ではなくカーナビを見る人が多いでしょう。それでも紙の辞書《じしょ》はつくられているし、電子辞書と紙の辞書の両方を使い分けているという人もいます。運転するときはカーナビを見るけれども、家族と旅行の計画を立てるときはガイドブックの地図を見ながら、という人も多いでしょう。

電子書籍《でんししょせき》が紙の本に取って代わるのではなく、電子書籍という新しい本のかたちが加《くわ》わったのです。

インターネットにつながったコンピューターや電子書籍リーダーさえあれば、いつでもどこでもほしい電子書籍をさがすことができます。しかし、すべての本が電子化されているわけではありません。たとえば国立国会図書館には、書籍のほか雑誌《ざっし》や新聞もふくめておよそ四〇〇〇万点の資料《しりょう》が所蔵《しょぞう》されていますが、そのうち電子化されているのは二二八万点にすぎません。

もし地球上のすべての本が電子化されることがあったとしても、それはかなり先のことになりそうです。

## コラム 2 和本のいろいろ

巻物《まきもの》（巻子本《かんすぼん》）

折本《おりほん》

袋《ふくろ》とじ

粘葉装《でっちょうそう》

### とじ方の種類《しゅるい》

基本《きほん》の
四ツ目とじ

こうきとじ

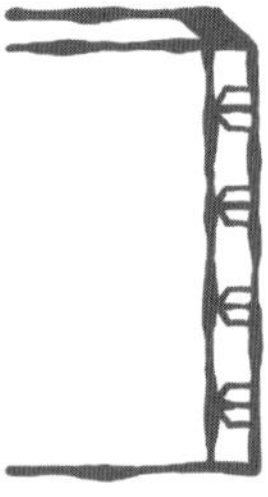

亀甲《きっこう》とじ

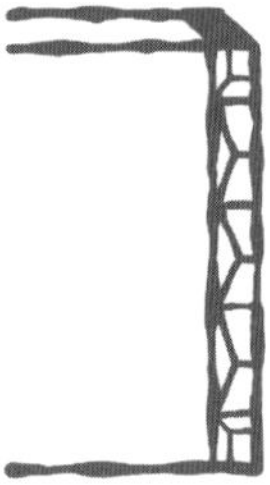

麻《あさ》の葉とじ

コラム3
## 和本とわたしたち

明治《めいじ》になって欧米《おうべい》から活版印刷《かっぱんいんさつ》など洋式の本のつくり方と製造機械《せいぞうきかい》が伝《つた》わりました。国《こく》産《さん》で洋紙をつくり、活字をつくり、印刷することが始まりました。あっという間に本の主流は洋式の本、洋本になりました。今日、わたしたちが手にする本のほとんどは洋本です。しかし、和本が完全《かんぜん》になくなってしまったわけではありません。今でも和本が用いられているところがたくさんあります。

たとえば仏教《ぶっきょう》のお経《きょう》はたいてい和本です。今でも和紙に印刷された本がよく使われています。お坊《ぼう》さんがお寺でお経をあげているところをよく見てください。和紙をとじた和本だけでなく、ジャバラのような折本《おりほん》や巻物《まきもの》のお経もあるでしょう。

琴《こと》や三味線《しゃみせん》、謡《うたい》など、邦楽《ほうがく》の世界でも、和本の楽譜《がくふ》を使います。和本は軽く、やわらかく、ページをめくる音がしないので、音楽の世界には最適《さいてき》です。また、ページを押《お》さえておかなくても本を開いたままにしておけるので、楽器《がっき》を演奏《えんそう》しながら和本を見ることができます。

そのほか、句集《くしゅう》や歌集などを和本にする人もいます。和本は大量生産《たいりょうせいさん》には向いていないけれども、独特《どくとく》の風合いがあります。

## 3時間目

# 本と仲《なか》よく
# なるには

## 本のあるところへ

本は友だちのようなものでもあるし、お兄さんお姉さんのようなものでもあるし、先生のようなものでもある。知らないことを教えてくれたり、笑《わら》わせてくれたり、感動させてくれたりします。悲しいときやつらいときに本が助けてくれることもあるし、一冊《さつ》の本が人生を変《か》えることもあります。

そのときの自分にぴったり合った本に出会うのは、むずかしいけれど、そうした本をさがすのは楽しいものでもあります。

本のあるところに出かけましょう。

### 本屋さんに行ってみる

本はいろんなところにあります。本に出会えるところとしてまず思いつくのが本屋さんと図書館でしょう。でも、本屋さんにもいろいろあります。大きな本屋さん、小さな本屋さん。小さな本屋さんも、それぞれお店によってちがっています。本屋さんで働《はたら》く人によって、本の選《えら》び方や並《なら》べ方がちがうからです。マンガが得意《とくい》な本屋さんもあれば、小説《しょうせつ》が得意な本屋さんもあります。絵本の専門《せんもん》書店もあれば、料理《りょうり》の本の専門書店、旅の本の専門書店もあります。

本屋さんに入ったら、すみからすみまでたんけんしましょう。今まで関心《かんしん》のなかった分野の売場にも行ってみましょう。むずかしすぎると思っても、つまらないと感じても、とりあえず表紙をながめてみてください。今の自分にはむずかしいけれども、おもしろそうだと思える本もあるかもしれません。世の中には、知らないことがたくさんあるとわかるでしょう。たとえ小さな本屋さんであっても、店内の本をすべて読んだという人はいないでしょう。

書かれていることをすべて知っているという人もいないでしょう。どんなにすごい頭脳《ずのう》の持ち主でも、世の中のことすべてを知ることはできません。

## 本の並《なら》べ方

本屋さんの本の並べ方には、大きく分けて三種類《しゅるい》あります。一つは「平積《ひらづ》み」。表紙を上に向けて並べます。本屋さんに行ったら、どんな本が平積みになっているか観察《かんさつ》してみてください。発売されたばかりの本。ベストセラー作家の本。俳優《はいゆう》やミュージシャンなどの有名な人が書いた本。テレビや新聞で話題になっている本。それだけでなく、本屋さんがおすすめする本も平積みになっています。

本棚《ほんだな》で背表紙《せびょうし》を向けた並べ方を「棚差《たなざ》し」といいます。新刊《しんかん》ではない本（「既刊《きかん》」といいます）は、たいてい棚差しになっています。分類のしかたや並べ方には、本屋さんの考え方が表れています。たとえば文庫の並べ方も、出版社《しゅっぱんしゃ》ごとに分けて、さらに著者《ちょしゃ》の名前の五十音順《おんじゅん》に並べている本屋さんもあれば、出版社に関係《かんけい》なく著者の五十音順に並べている本屋さんもあります。同じ本を何か所にも置《お》いていることもあります。たとえばスポーツ選手《せんしゅ》が書いたダイエットの本があるとしましょう。本屋さんによっては、スポーツの棚、健康《けんこう》の棚、エッセイの棚、タレント・有名人の棚のそれぞれに並べるかもしれません。

表紙を見せて立てかける並べ方もあります。「面陳列《めんちんれつ》」、略《りゃく》して「面陳」といいます。雑誌《ざっし》などでよく見られる並べ方ですが、書籍《しょせき》でも使われます。たとえば平台ではなく本棚の中でその本を目立たせたいと思ったとき、棚差しの間でその本だけ面陳にします。

本屋さんは、一つの本のとなりにどんな本を置くか、とても気をつかいます。同じようなテーマの本を並べたり、その著者が影響《えいきょう》を受けた人の本や影響をあたえた人の本を並べたり、ときには、同じテーマだけれども正反対の

撮影協力　紀伊國屋書店新宿南店

ただ並べるのではなくいろいろな並べ方をすることで、お客さんが本を買いたくなる魅《み》力《りょく》的《てき》な本棚になります。

主張《しゅちょう》の本を並《なら》べたり。一つのものごとについて、たくさんの見方や考え方があるということを、本屋さんの棚《たな》は示《しめ》しています。

もし可能《かのう》なら、一つだけでなく、いくつかの本屋さんを比較《ひかく》してみてください。共通《きょうつう》しているところもあれば、ちがっているところもあるでしょう。どうしてちがっているのかを考えてみましょう。本屋さんの考え方がちがうからかもしれないし、その本屋さんをよく利用《りよう》するお客さんの層《そう》がちがうからかもしれません。

## 図書館に行ってみる

図書館に行ってみましょう。

図書館にもいろいろあります。絵本や児童書《じどうしょ》がたくさんある図書館、ヤングアダルトの本をたくさん置《お》いた図書館もあります。その土地についての資《し》料《りょう》や、地元出身の作家や画家、写真家のコーナーをつくる図書館もあります。

となり町の図書館をのぞいたり、旅行先の図書館をおとずれたりするのも楽しいものです。

図書館もすみずみまでたんけんしてみましょう。図書館の本の並《なら》べ方は本屋さんとまったくちがいますね。背表紙《せびょうし》に印刷《いんさつ》された書名を読んでいくだけで、いろんなことを感じるはずです。

ほとんどの図書館では「日本十進分類法《にっぽんじっしんぶんるいほう》」という方法《ほうほう》にしたがって、本を分類しています。これはまず本を「哲学《てつがく》・宗教《しゅうきょう》」や「芸術《げいじゅつ》」など、一〇のおおまかな区分に分け、さらにその一つひとつの区分についてまたいくつもの区分に分けて……というふうに分類していきます。

たとえば、カブトムシについて書かれた本は、

## カブトムシの本

3類 社会科学
**4類 自然科学** → 47 植物学 / **48 動物学** / 49 医《い》学《がく》
5類 技《ぎ》術《じゅつ》

**48 動物学** → **486 昆虫類** / 487 せきつい動物 / 489 鳥《ちょう》類《るい》

「自然科学《しぜん》」（4類）の中の「動物学」（48番台）に分類され、さらに「無《む》せきつい動物」（483〜486）の中の「昆虫類《こんちゅう》」（486）の本の中にあります（右ページの図を見てください）。

数字だけ並んでいると取っつきにくいのですが、それぞれの数字がなにを意味しているかがわかると、とても便利《べんり》な分類法です。この分類の番号と本《ほん》棚《だな》の配置《はいち》がわかれば、どんなに大きな図書館でどんなにたくさん本があっても、目当ての本を簡単《かんたん》にさがし出すことができます。たいていの図書館には、日本十進分類法と本棚の配置の図が、どこかにはり出してあるはずです。ぜひ一度じっくりながめてみてください。

## もっと活用しよう

図書館はいろんな使い方ができます。読みたい本を借《か》りるだけが図書館ではありません。

たとえば知りたいことを相談する。「こんなことが気になっているんですけど、わかる本はありますか？」とカウンターで質問《しつもん》してみてください。きっと司書《ししょ》やレファレンス※1のスタッフが調べてくれるでしょう。

たいていの公共図書館《こうきょうとしょかん》は、だれでも自由に利用《りよう》できます。本を借《か》りて自宅《じたく》に持ち帰るには貸出《かしだし》カードをつくる必要《ひつよう》があります。貸出カードのつくり方は図書館によって少しちがいますが、たいていは氏名と住所を確認《かくにん》できるものがあればつくれます。大人は保険証《ほけんしょう》や運転免許証《めんきょしょう》、中学生・高校生は生徒《せいと》手帳《てちょう》、小学生以下《いか》は館によってちがうので、近くの図書館に問い合わせてみましょう。

またほとんどの公共図書館は、その市区町村の住民でなくても貸出カードをつくることができます。貸出カードをつくって名前やパスワードを登録《とうろく》すると、自宅からインターネットで蔵書《ぞうしょ》の有無《うむ》を調べたり予約《よやく》したりすることもできます。

## 古本屋さんに行ってみる

古本屋さんにも本がたくさんあります。本屋さん（新刊《しんかん》書店）には新しい本がたくさんありますが、何年も前に出た本はなかなか見つかりません。絶《ぜっ》※2版《ぱん》になっていたり、絶版でなくても出版社《しゅっぱんしゃ》で品切れになったままだったりする本も多いからです。

そうした本に出会えるのが図書館や古本屋さんです。本屋さんに比《くら》べると古本屋さんは小さなお店が多いのですが、並《なら》んでいる本はつい先週出た本から一〇年前、二〇年前に出た本までさまざまです。中には一〇〇年以上、一〇〇〇年近く前の本が売られていることもあります。四〇〇〇年ぐらい前の、古代メソポタミアの粘土板《ねんどばん》の本を売っている古本屋さんもあります。

本だけではなくて、書や絵、作家の手紙、作家の原稿《げんこう》などを売っている古本屋さんもあります。

## まだまだ本に出会える場所

本屋さんや図書館、古本屋さんのほかにも、本と出会える場所がいろいろあります。

たとえば、最近増《さいきんふ》えているのがブック・カフェです。カフェの中に本棚《ほんだな》があって、お客さんは自由に本を読むことができます。読むだけのカフェもあれば、本を販売《はんばい》しているカフェもあります。

本棚のある洋服屋さんもあります。洋服だけでなく、本もいっしょにながめることができます。文房具《ぶんぼうぐ》やオモチャ、雑貨《ざっか》といっしょに本を並《なら》べる本屋さんも増えました。

病院や歯医者さんの待合室にも本が置《お》いてありますね。

美容院《びよういん》やとこ屋さんにも本や雑誌《ざっし》があります。

本棚のある駅もあります。駅を利用《りよう》する人が自由に持ってきて置いておく。自由に読んで、読み終わったらまた返す本棚です。

自宅《じたく》の一部を開放して、自分の本を自由に読ませてくれる私設《しせつ》図書館を開いている人もいます。

一箱古本市を知っていますか？　人々《ひとびと》が段《だん》ボール箱に一箱ずつ、自宅から本を持ち寄《よ》って、商店街《しょうてんがい》の店先などに並べて、販売《はんばい》したり交換《こうかん》したりするイベントです。古本屋さんのようなプロではない人が持ち寄るので、意外な本に出会えることがあります。

町の中をたんけんしてみてください。きっと、いろんなところで本に出会えるでしょう。

※1レファレンス　学習や研究などのために、情報《じょうほう》や資料《しりょう》を調べて教えてくれるサービス。
※2絶版《ぜっぱん》　一度出版《しゅっぱん》した本を、続《つづ》けて出版するのをやめること。それに対して「品切《しなぎ》れ」は、売り切れになっていること。

## 読書のすすめ

本とつき合うこつがあります。それは、できるだけ気持ちを楽にすることです。本はどんなふうに読んでもいいのです。最初《さいしょ》から最後まで全部読まなくてもいい。つまらないと思ったら、途中《とちゅう》でやめてもかまいません（でも、がまんして読み続《つづ》けると、おもしろくなってくる本もありますよ）。何週間か何か月か、あるいは何年かしてまた読んでみたら、今度はおもしろくなっているかもしれません。本と出会うにはタイミングというものがあります。

最初の方を一〇ページ読んで、真ん中へんを一〇ページ読んで、最後の方を一〇ページ読んでおしまいにしてもいい。短編集《たんぺんしゅう》ならばらばらの順番《じゅんばん》で読んでもいい。好《す》きなところだけくり返してもいい。さし絵だけながめるとか、好きな登場人物の会話だけ読むとか。きみの読み方を発明してください。

読書日記をつけるのも楽しい。書名・著者名《ちょしゃめい》・出版社名《しゅっぱんしゃめい》、そして簡単《かんたん》な感想を書いておきましょう。何年かして読み返すと、「あのころは、この作家の本に夢中《むちゅう》になっていたなあ」「そうだ、こんな本も読んだんだった」と思い出すことでしょう。読書日記は自分の成長記録《せいちょうきろく》にもなります。

昔読んだ本を、もう一度読んでみるのも楽しいものです。たとえばきみが赤ちゃんだったときに、お母さんやお父さん、おばあちゃんやおじいちゃんが読んでくれた絵本が、家の中に残《のこ》っていませんか。だれかがきみに読んでくれた本を、今度はきみが自分で自分のために読んでみてください。なつかしい気持ちになるかもしれない。読んでもらったときは気がつかなかったことを発見するかもしれない。そして次は、その本をだれかに読んであげてください。たとえば、おばあちゃんやおじいちゃんに。おばあちゃんやおじいちゃんは、どんな顔をするかな?

## 一人で、友だちと

本は一人で読んでもいいし、二人で読んでもいい。五人、一〇人と、たくさんの人と読んでもいい。

一人で本を読むのは楽しいものです。その本の世界にたっぷりとひたることができます。乗り物の図鑑《ずかん》を開いて電車の動き方を知ったり、歴史《れきし》マンガを読んで昔の人のことを知ったり。小説《しょうせつ》の主人公になった気持ちでワクワクしたりハラハラしたりドキドキしたり。詩や俳句《はいく》や短歌を読んでいろんなことを想像《そうぞう》するのも楽しいものです。

でも、友だちと同じ本を読んで、どんなことを感じたか、考えたか、話し合うのもおもしろいものです。大人たちの間では、読書会やブックトークなどを行っている人もいます。

友だちと話してみると、自分とはちがう読み方があるのにおどろきます。どこに感動したか、登場人物の中でだれが好《す》きか、ゆかいだったところ、悲しかったところ。ぜひ友だちと話してみましょう。もしかしたら、読み方をまちがえていたかもしれない。二人で読むと、おもしろさも二倍になります。

日本の平安時代から鎌倉《かまくら》時代、室町《むろまち》時代にかけて、たくさんの絵巻物《えまきもの》がつくられました。絵と文章で物語をあらわしたものです。まれに文章がなく絵だけのものもあります。物語の中には実際《じっさい》にあったことがらもあるし、想像で描《えが》かれたものもあります。

この絵巻物は、一人だけで見るよりも何人かの人といっしょに読んだのではないでしょうか。たとえば紫式部《むらさきしきぶ》の『源氏物語《げんじものがたり》』を絵巻物にした『源氏物語絵巻』を広げ、お姫様《ひめさま》に官女《かんにょ》たちが読んで聞かせるすがたを想像します。そのときお姫様は「まあ、光源氏《ひかるげんじ》ってすてきね」と言い、官女が「きれいですね」と答えたかもしれません。

## 読みたい本を見つけるには

本屋さんや図書館に行くと、あまりにもたくさん本があって、どれを選《えら》んでいいのかわからない、ということはないでしょうか。むずかしく考えることなく、おもしろそうだと思った本を読めばいいのですが、そう考えてもやっぱり迷《まよ》ってしまいます。

また、ふだんあまり本を読んでいない人にとって、いきなり文字がぎっしりつまった厚《あつ》い本は「きびしいなあ」と思うかもしれません。

わたしがおすすめするのは、映画やテレビドラマの原作から入る読書です。この場合、映画やテレビドラマを先に見ておくのがこつです。登場人物の人間関係《かんけい》や、物語の大まかな展開《てんかい》がわかっていると、本を読むときにすぐにその世界に入っていけます。とくに「海外文学は登場人物の名前がカタカナばかりで、頭の中でこんがらがっちゃう」という人には、おすすめの方法《ほうほう》です。

ただし、映画やテレビドラマは原作を忠実《ちゅうじつ》に映像化《えいぞうか》しているとはかぎりません。結末《けつまつ》がちがっていることもあるし、登場人物が変《か》わっていることもあります。原作では男性《だんせい》が主人公だけど、テレビドラマでは女性になっていた、というものもあります。

映画やテレビドラマを見てから原作を読むと、ちがう印象《いんしょう》を持つことが多いでしょう。原作は小説家《しょうせつか》が書いたもので、映画やテレビドラマはその原作を読んだ監督《かんとく》や演出家《えんしゅつか》が自分のイメージで映像化するからです。

きみが住んでいる土地を舞台《ぶたい》にした小説や、その土地の歴史《れきし》について書かれた本もおすすめです。知っている場所が出てくると興味《きょうみ》がわきますし、登場人物の行動などもイメージしやすいでしょう。図書館で「この町を舞台にした小説はありますか」と聞いてみてください。きっと司書《ししょ》さんがさがしてくれます。

# 未来《みらい》の本について考える

2時間目で話したように、その誕生以来《たんじょういらい》、本はずっと変化《へんか》し続《つづ》けてきました。粘土《ねんど》のかたまりに文字を刻《きざ》みつけた本もあれば、木の板にすみで文字を書いた本もありました。本の素材《そざい》が紙になってからも、巻物《まきもの》やジャバラ状《じょう》の折本《おりほん》がありました。手書きの時代も長く続きました。「文字や絵や写真を印《いん》刷《さつ》した四角い紙を、そろえてとじて表紙をつけたもの」という現在《げんざい》の本のかたちは、本の長い歴史《れきし》全体から見ると、最近《さいきん》のものにすぎません。これまで変化を続けたのですから、これからも変化し続けるでしょう。

では、本のかたちはどのように変《か》わっていくでしょう。それはわかりません。一つだけ確《たし》かなのは、新しい時代の、新しい本をつくるのは、きみたちだということです。

きみたちの未来の本を考えてみましょう。今は不可能《ふかのう》かもしれない。でも、こんな本がほしいな、こんな本があったらいいな、と考えてみましょう。もしかするとその中には、もうすでに実現している本があるかもしれません。また、まだ本屋さんでは売っていないけれども、技術的《ぎじゅってき》に可能な本もあるでしょう。

## いろんな本のかたち

たとえば、「本は四角くなくてもいい」と考えるだけで、いろんなかたちの本がつくれます。本が四角いのは、それが、本をつくるときに効率《こうりつ》がいいからです。でも、四角くなくてはいけない、ということはありません。たとえば丸い本。円盤《えんばん》のようなかたちの本です。そこにうず巻《ま》きのように文章が印刷されていたらどうでしょう。本を読むときはぐるぐる回して読むのです。

目が回りそう？　つかれてしまいそう？　でも、楽しいかも。文章を読むのはつかれるけれど、画集や写真集だったらどうでしょう。丸い写真や三角形の写真、五角形の画集があってもいい。台形やひし形でもいい。

本は紙でなくてもいい。昔の本が粘土《ねんど》や木だったことを考えると、どんなものでも本になります。たとえば布《ぬの》でできた本はどうでしょう。もしも一枚《まい》の大きな布に印刷《いんさつ》した本なら、自由にたたむことができますね。ふろしきのように物を包《つつ》むこともできる。ハンカチやタオルの代わりになる。毛布《もうふ》の代わりにだってなるかもしれない。もっと大きければ、テントのようにして、そこに住むこともできるかもしれない。本の家です。

布の本なら、必要《ひつよう》なところだけ切り取ることもできるかもしれません。丸めたり、たたんだり、ポケットに入れるのも簡単《かんたん》そう。地図なら旅行するときに便利《べんり》ですね。ポケットに入れておいて、道を確《たし》かめるときにさっと出す。時々《ときどき》、その本であせをふいたり、寒くなったら首に巻《ま》いたり、日が差してきたら頭に巻いたり。ゆかたに仕立てれば、着ることもできます。

本がうすいプラスチックだったらどうかな。雨の日でも平気ですよ。おふろの中でも読めます。急に雨がふってきたら、広げてかさのようにすればいい。鉄《てつ》やアルミニウムだったらどうだろう。ガラスだったらどうだろう。本は紙じゃなくてもいい、と考えるだけで、いろんな本をつくれます。

## さし絵が動く本、音や映像《えいぞう》が流れる本

本に印刷された絵が動いたらいいのになあ、と思う人もいるでしょう。さし絵が動く本です。マンガだったらもっと楽しい？　すでに電子書籍《でんししょせき》では絵や写真が動く本がいろいろ出ています。もし紙の本でできたら、すごいなあ。

音の出る本は？　これも電子書籍にはありますね。小説《しょうせつ》を読んでいると、静《しず》かに音楽が流れる本。ときどき効果音《こうかおん》が出る本もあります。村上龍《むらかみりゅう》さんが書いた『歌うクジラ』という小説には、坂本龍一《さかもとりゅういち》さんが音楽をつけました。

電子書籍《でんししょせき》では読み上げ機能《きのう》がついたものがあります。声を自由に選《えら》べると楽しいでしょうね。好きなアイドルの声にしたり、お父さんやお母さんの声にしたり。自分の声で読み上げる本があったら、不思議《ふしぎ》な気持ちがするかな。

電子書籍では、辞書《じしょ》と連動《れんどう》していて、わからない言葉やもっと知りたい言葉について、教えてくれるものがすでにあります。それをもっと発展《はってん》させれば、音や映像《えいぞう》と連動した本があったら、できそうです。たとえば小説《しょうせつ》の舞台《ぶたい》となっている場所の地図が出てくる本。地図だけではなくて、その場所の映像もあると、もっとよくわかりますね。その場所の音が聞こえる本。大都会のそう音や、工場で動く機械《きかい》の音、自動車のエンジンの音。『赤毛のアン』を読んでいて、舞台となったカナダのプリンスエドワード島のようすが映像で見られると、物語がよりいっそう楽しくなります。

## もっともっと、おもしろい本を

においが出る本はどうかな。たとえば主人公が高原に行くと、草や木や花のかおりがするような本。もちろんご飯《はん》を食べる場面では、おいしそうな料《りょう》理《り》のにおいがしてきます。おなかがグーと鳴りそうですね。だったら味がする本もいい。おかしの写真を見て、これはどんな味がするのだろう、と気になるときがありますね。もしその味をためしてみることができる本があったら？

食べられる本もいい。おなかがすいたら、その本を食べてしまう。災害《さいがい》のときの非常食《ひじょうしょく》にもなりそうです。

もっともっとすごい本はできないかな。メガネのように顔につけて読む本はどうでしょう。すでにゴーグルタイプの映像《えいぞう》モニターは市販《しはん》されていますから、技術的《ぎじゅつてき》には可能《かのう》そうですね。寝転《ねころ》がっていても、さか立ちしていても、ゴーグルタイプなら手を使わずに読めそうです。でも歩きながら読むとあぶないから、安全装置《そうち》も必要《ひつよう》ですね。

持ち運ぶときは切手ぐらいのうすく小さなチップになって、読むときは現《げん》在《ざい》の紙の本ぐらいに大きくなる本があるといいな。読みたいとき、手のひらを上に向けると、どこからともなくあらわれて本になる本とか。

読もうと思ったら、テーブルが本になったり、かべが本になったり、身の回りのいろんなものが本になるといいかもしれない。キッチンで料理するとき、かべやキッチンカウンターが本になって、レシピを教えてくれると、料理が楽になるでしょう。

主人公の名前が読んでいる人自身になり、物語の舞台《ぶたい》が、読んでいる人が今いる、その場所になる本があったら、読んでみたい。読む人の名前や読んでいる場所を、本が察知《さっち》して、内容《ないよう》を変《か》えていくのです。読む人の気持ちを本が分析《ぶんせき》して、ストーリーをどんどん変えていく本はどうだろう。ちょっとこわいかな。でも、たとえば健康《けんこう》に関《かん》する本で、その本を手に持ったら、体温や心拍数《しんぱくすう》や血圧《けつあつ》や体重などをはかってくれて、「運動不足ですね。少しランニングをしましょう」と連《つ》れ出してくれたり、「気分転かんにダンスでもしましょうか」と音楽を流してくれたりする本は便利《べんり》ですね。

## 変《か》わらずに残《のこ》るもの

もちろん、今あるかたちの本をずっと残していくのも大切なことです。印《いん》刷《さつ》技《ぎ》術《じゅつ》が登場しても手書きという文化がなくならないように、新しい本が登場しても、今ある本が完全《かんぜん》になくなることはないでしょう。そして、今ある本のかたちを、より洗練《せんれん》させていく人たちもいるでしょう。もっと美しい印刷、もっと質《しつ》の高い製本《せいほん》、読みやすく、あつかいやすい本が、これからもつくられていくことでしょう。

たとえば、図書館や古本屋さんで、五〇年ぐらい前の本を手に取ってみてください。使われている文字や紙の質が、今とはずいぶんちがうのにおどろくでしょう。本というかたちは変わっていない。しかし、中身は変わっています。現在《げんざい》の方が高品質だと思う人もいるでしょうし、五〇年前の方が味があってよいと感じる人もいるでしょう。本のかたちは同じでも、細かい部分は少しずつ変わっている。その変化《へんか》について、好《この》ましいと思う人もいれば、残念《ざんねん》だと感じる人もいます。

# きみも作家デビュー

本は読むだけのものではありません。本は見るだけのものでもありません。本は書くものでもあり、自分でつくるものでもある。

きみも本を書いてみましょう。どんなことでもいい。小説《しょうせつ》でもいいし、身の回りに起きたことでもいい。ふだん考えていることでもいい。好《す》きなゲームやマンガのこと、アイドルのことでもいいのです。とにかく自分の言葉でなにか書いてみましょう。

文章だけでなく、イラストや写真でもいい。イラストと文章を組み合わせて、絵本にするのもすてきですね。

そんなのは、学校でやる作文や美術《びじゅつ》と同じだよ、と思うかもしれません。

でも作文と本を書くことはちがいます。それは、本を書くのは、だれかに読んでもらうため、という目的《もくてき》があるからです。まだ会ったこともないだれかが読んでくれる。それが本です。

写真を撮《と》ることは簡単《かんたん》です。カメラがあればだれにでも撮れる。携帯《けいたい》電話やスマートフォンでも撮れます。でも、本をつくるために写真を撮るとなると、少しちがいます。だれかに見てもらうための写真を撮る。自分の思い出のためだけでなく、だれかになにかを伝《つた》えるために写真を撮る。その写真を見ただれかに、なにかを感じてもらうために写真を撮る。「きれいだなあ」「すてきだなあ」と感じるかもしれないし、「かっこいい」「おもしろい」かもしれない。「気持ち悪いなあ」かもしれない。

それは「説明《せつめい》」ということとは、ちょっとちがいます。「昨日《きのう》、動物園に行きました」と説明されても、読んだ人、見た人は、なにも感じないかもしれない。そうではなくて、動物園に行ったことについて書くことで、なにを伝えたいのか。

自分で本を書いてみると、他人《たにん》が書いた本の読み方も変《か》わります。「この人は、こういうことを伝《つた》えようとしているのかな」と、書き手の気持ちをあれこれ想像《そうぞう》しながら読むようになります。今までだったら見すごしていたことに気づくこともあります。

本を書くだけでなく、実際《じっさい》に本をつくってみましょう。きみの家にパソコンとプリンターがあれば、そうむずかしいことではないでしょう。パソコンで文章を書いて、どこにどんなふうに配置《はいち》するかを考えてプリントする。それを折《お》って、切って、糸でとじたり、接着剤《せっちゃくざい》ではったり。うまくいかないところもたくさんあるでしょうが、でも本はつくれるものです。本は印刷《いんさつ》工場や製本《せいほん》工場でなくてもつくれます。

そこまでする気はないや、と思う人もいるでしょう。もしかしたら、そう思う人の方が多いかな。じゃあ、実際《じっさい》につくる代わりに、つくってみたい本の絵を紙に描《えが》いてみましょう。どんなかたちにするか。題名は？　表紙の色は？　それもめんどうくさいな、と思う人は、ちょっと想像してみましょう。もし自分で本をつくるとしたら、どんな本にするか、思いうかべてみましょう。

ほら、本棚《ほんだな》の本が、これまでとは少しちがって見えてくるでしょう？

コラム4

## 本のいろんな読み方

本にはいろんな読み方があります。

速く読む。ゆっくり読む。声に出して読む。メロディーをつけて歌うように読む。同じ本を何度もくり返して読みましょう。読むたびに新しい発見があるはずです。まちがって理解《りかい》していたことに気づくこともあります。

むずかしくてよくわからない本も、何度もくり返して読むうちにわかってくることがあります。

本を書き写してみましょう。五〇〇年前に活版印刷《かっぱんいんさつ》が発明されるまで、本は手で書き写すものでした。一文字一文字書き写して、新たな本をつくっていました。コピー機《き》のない時代、人から借《か》りた本を自分の手元に置《お》いておくためには、手で書き写すしかありませんでした。

本を書き写してみると、読んでいるだけでは気づかなかったことをいろいろと発見します。その文章を書いた人の気持ちが少しわかるかもしれません。その本をよく理解するためには、書き写してみることだ、という人もいます。

もとの本とは少しだけ変《か》えて書き写してみるのもおもしろい。たとえば、主人公の名前をきみの名前に変えて書き写す。そうするときみが主人公の、世界で一冊《さつ》だけの本ができます。ほかにも、町の名前をきみが住んでいる町に変えたり、ほかの登場人物を友だちの名前に変えたり。

写真集をカメラのファインダーごしに見てみましょう。そうすると、その写真を撮《と》ったカメラマンと同じ視線《しせん》で見ることができます。写真家になった気持ちになります。写真家がどんな気持ちで世界を見つめたのかが伝《つた》わってきます。

## コラム5 読書を楽しくするもの

本を持ち歩くときはカバーをかけましょう。本屋さんでかけてくれる紙のカバーもいいけれども、自分でつくるのも楽しい。気に入った包装紙《ほうそうし》があれば、それを切ってつくってもいいし、布《ぬの》を使って本格的《ほんかくてき》なカバーをつくるのもいい。ミシンを使えるのなら、はぎれをぬい合わせてカバーをつくりましょう。

しおりがついていない本は、自分でしおりをつくってはさみましょう。布でカバーをつくるのはちょっとむずかしいけれども、しおりだったら簡単《かんたん》にできますね。おかしの包《つつ》み紙など、きれいな紙があったら、それを少し厚手《あつで》の紙にはってしおりにします。ただし、本にはさむのは、のりがじゅうぶんにかわいてからにすること。

本にはさむしおりは、一枚《まい》でなくてもいいんです。二枚でも三枚でも、必要《ひつよう》なところにはさみます。いろんな色のしおりを用意しておくと、目印《めじるし》になります。

# おわりに

もしも本というものがなかったら、世界はずいぶんちがったものになっていたでしょう。

小説や絵本やマンガが読めないだけではありません。昔、どんなことがあったのかを知ることができない。今、世界でどんなことが起きているのかも知ることができない。そして、今、起きていることを、未来《みらい》に伝《つた》えることもできません。

もちろん、文字のない文化もありました。しかし文字のない社会でも、歌などで人々《ひとびと》は思いを伝えてきました。この本にも書いたように、歌も本の一つであると考えるなら、歌すらない社会では、なにも伝えられないでしょう。

もしもすべての本が消えてしまったら……。想像《そうぞう》すらできない世界になるでしょう。

今、わたしたちの周《まわ》りには、たくさんの本があります。一生かけても読めないほどの本があふれています。だからつい、「本なんていつでも読めるさ」という気持ちになります。本の大切さを、ついわすれてしまいます。


本はいいものです。いつでもどこでも、一人で読めます。一人で読んでいてもさびしくない。

本はいろんなことを教えてくれます。不思議《ふしぎ》に思ったこと、知りたいと思ったこと、「なぜ?」「どうして?」と思ったこと。本は、そういう疑問《ぎもん》に答えてくれます。どの本を開けばいいかわからなかったら、図書館の司書《ししょ》さんに相談してみましょう。きっとアドバイスしてくれるはずです。

いやなこと、つらいこと、悲しいことがあったら、本を開いてみましょう。きっとなにかヒントが見つかるはずです。

今、本の世界は大きく変《か》わろうとしています。「電子書籍《でんししょせき》（＝電子の本）」が誕生《たんじょう》したからです。すでに地図や辞書《じしょ》では、電子の本が多く使われています。しかし、これから印刷《いんさつ》の本がすべて電子の本になるのかどうかはわかりません。また、電子の本がこれからどうなっていくのかもわかりません。たしかなのは、今、大きく変わろうとしていることだけです。

きみたちは、ちょうどその大きな変化《へんか》に立ち会い、見とどけることになります。これはとても幸運《こううん》なことかもしれません。長い人類《じんるい》の歴史《れきし》でも、めったにない瞬間《しゅんかん》なのですから。どうぞこの変化を、じっくりとしっかりと見てください。そして、これからどうなるのかを考えてください。未来《みらい》の本はきみたちのもの、本の未来もきみたちのものです。

それと同時に、これまで人類がつくってきた本を、未来に向けて大切に保管《ほかん》し、伝えていってください。昔のものは古くさくて時代おくれに見えるかもしれないけれど、未来を考えるヒントはいつも過去《かこ》の中にあります。そして、過去がどんなだったかを教えてくれるのもまた、本なのです。

## ≪もう少しむずかしいことを調べたい人には≫


『図説　本の歴史』　樺山紘一 編、河出書房新社

『本の歴史』　ブリュノ・ブラセル 著、荒俣宏 監修、木村恵一 訳、創元社

『文字の歴史』　ジョルジュ・ジャン 著、矢島文夫 監修、高橋啓 訳、創元社

『紙の歴史』

ピエール=マルク・ドゥ・ビアシ 著、丸尾敏雄 監修、山田美明 訳、創元社

『「本」に恋して』　松田哲夫 著、内澤旬子 イラストレーション、新潮社

『印刷に恋して』　松田哲夫 著、内澤旬子 イラストレーション、晶文社

『漫画 うんちく書店』

室井まさね 著、メディアファクトリー（メディアファクトリー新書）

『本の歴史文化図鑑』

マーティン・ライアンズ著、蔵持不三也 監訳、三芳康義 訳、柊風舎

# 「本」について調べるときに役立つ本

「本」についてもっと知りたいときにおすすめの本をしょうかいします。
本屋さんや図書館でさがして読んでみてください。

## ≪まずは児童書の中からさがしてみよう≫

『本と図書館の歴史』　モーリーン・サワ 文、ビル・スレイヴィン 絵、西村書店

『本ができるまで』　岩波書店編集部 編、岩波書店（岩波ジュニア新書）

『図書館へ行こう』　田中共子 著、岩波書店（岩波ジュニア新書）

『本屋さんのすべてがわかる本１　調べよう！ 世界の本屋さん』
秋田喜代美 監修、稲葉茂勝 文、ミネルヴァ書房

『本屋さんのすべてがわかる本２　調べよう！ 日本の本屋さん』
秋田喜代美 監修、稲葉茂勝 文、ミネルヴァ書房

『本屋さんのすべてがわかる本３　見てみよう！ 本屋さんの仕事』
秋田喜代美 監修、稲葉茂勝 文、ミネルヴァ書房

『本屋さんのすべてがわかる本４　もっと知りたい！ 本屋さんの秘密』
秋田喜代美 監修、稲葉茂勝 文、ミネルヴァ書房

『えほんをつくる』　栃折久美子 著、大月書店

『ルリユールおじさん』　いせひでこ 作、講談社

## 【著者・画家紹介】

### ■著　者　永江《ながえ》 朗《あきら》

1958年生まれ。北海道出身。法政大学文学部哲学科卒業。約7年間、洋書輸入販売会社に勤めたのち、編集者を経てフリーのライターに。出版事情や本の流通に詳しい。著書に、『不良のための読書術』『新・批評の事情』(共に筑摩書房)『インタビュー術！』(講談社)『本を味方につける本』(河出書房新社)など多数。

### ■イラスト　たなか みか

1983年生まれ。大阪府出身。大阪コミュニケーションアート専門学校卒業。デザイン会社に勤めたのち、イラストレーターとして活躍。雑誌や絵本などの挿絵を手がける。主な挿絵に『月刊たくさんのふしぎ　観覧車をたずねて』(福音館書店)『結局、どうして面白いのか「水曜どうでしょう」のしくみ』(フィルムアート社)などがある。

イラスト・装丁　たなか みか

# 本について授業をはじめます

2015年4月28日　初版第2刷発行

著　者　永江 朗

発行人　松本 恒

発行所　株式会社 少年写真新聞社

〒102-8232　東京都千代田区九段南4-7-16 市ケ谷KTビルI

Tel（03）3264-2624　Fax（03）5276-7785

http://www.schoolpress.co.jp

印刷所　図書印刷株式会社



ISBN 978-4-87981-493-7　C8095 NDC020

# ちしきのもり

『みんなが知りたい 放射線の話』 谷川勝至 文

『巨大地震をほり起こす
大地の警告を読みとくぼくたちの研究』 宍倉正展 文

『知ろう！ 再生可能エネルギー』 馬上丈司 文 倉阪秀史 監修

『500円玉の旅 お金の動きがわかる本』 泉 美智子 文

『はじめまして モグラくん
なぞにつつまれた小さなほ乳類』 川田伸一郎 文

『大天狗先生の㊙妖怪学入門』 富安陽子 文

『町工場のものづくり －生きて、働いて、考える－』
小関智弘 文

『どうしてトウモロコシにはひげがあるの？』 藤田智 文

『巨大隕石から地球を守れ』 高橋典嗣 文

以下、続刊

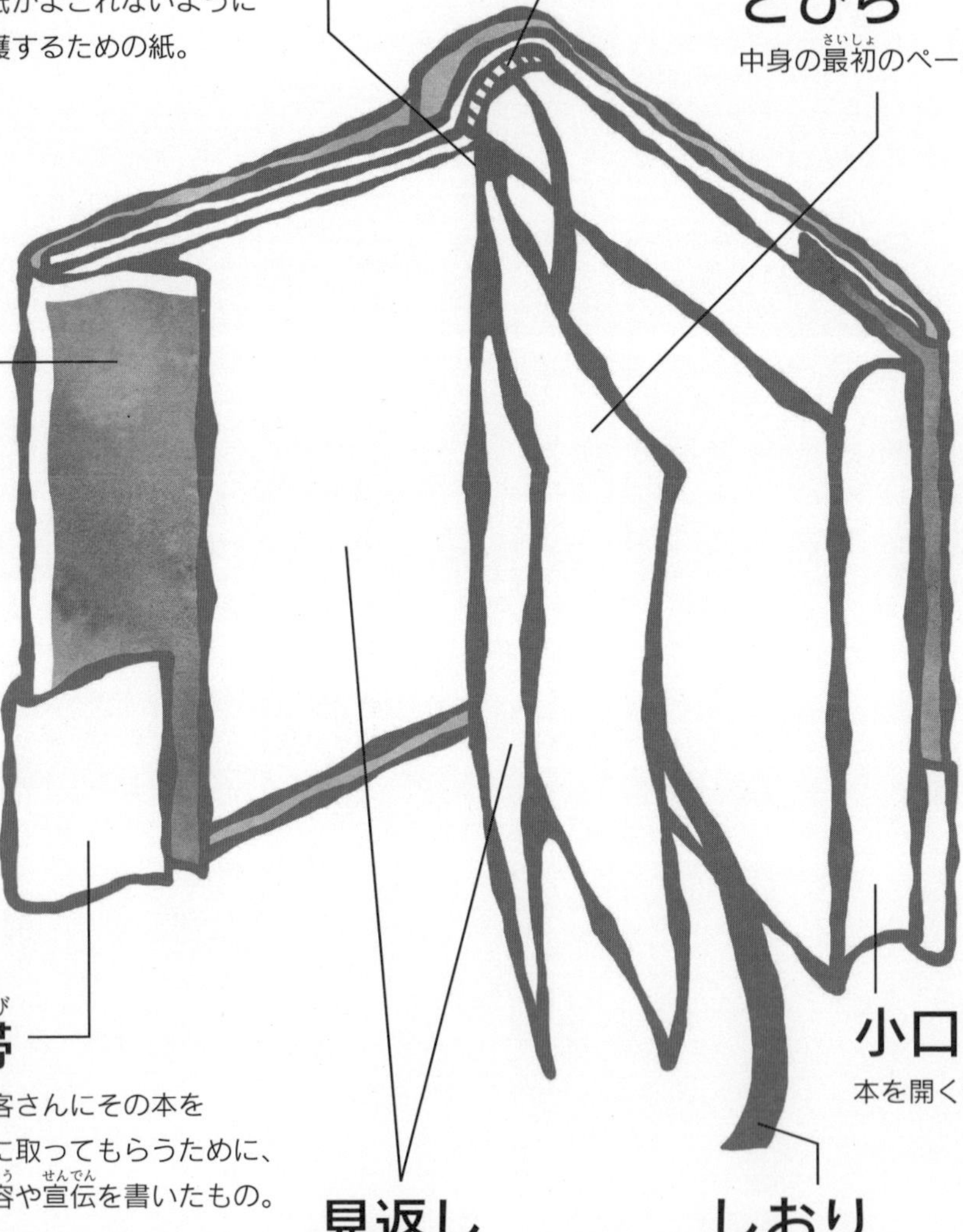

のど
本をとじている側。
花布《はなぎれ》
とじた部分をじょうぶにし、
装飾《そうしょく》の役割《やくわり》がある。
カバー
表紙がよごれないように
保護するための紙。
とびら
中身の最初《さいしょ》のページ。
帯《おび》
お客さんにその本を
手に取ってもらうために、
内容《ないよう》や宣伝《せんでん》を書いたもの。
小口
本を開く側。
見返し
表紙と中身をくっつける
ための紙。
しおり
読みかけのページにはさむ
ひも。ついていない場合も。